O SEMEADOR

Publicações
Pão Diário

Durante os últimos 28 anos de meu ministério, estive envolvido com a área de captação de recursos. Li vários livros sobre o assunto, mas ao ler este livro fui impactado de uma maneira muito especial. Em várias seções do livro, tive que parar e pedir perdão a Deus, e até chorar, porque senti que havia caído na tentação de captar fundos sem uma perspectiva bíblica, de uma maneira que transforme corações. Parabenizo os autores por demonstrarem de maneira simples e clara que os semeadores arrecadam mais que recursos financeiros para a obra do Reino e por nos mostrarem que nossa principal tarefa é sermos usados por Deus para cultivar corações ricos para com Deus. Acredito que, ao ler este livro, sua perspectiva de como devemos levantar fundos mudará totalmente e ajudará você a discipular pessoas que sejam realmente mordomos dos recursos que Deus nos dá. Você deve lê-lo em oração!

Joaquín A. Vargas, Vice-Presidente de Ministérios,
Missions Door (Denver, Colorado)

Nós, hispânicos, precisamos aprender a pensar com a mente espiritual sobre o que significa dar recursos materiais à obra de Deus em nossos países. A generosidade e a alegria de dar são essenciais neste caminho do semeador. Este livro é uma contribuição altamente recomendada para que transitemos pelo caminho bíblico com isso, de doar generosamente e com alegria. Os autores dão o foco bíblico e o apresentam exatamente como Deus quer que façamos.

Lemuel J. Larrosa, Diretor do Ministério Hispânico, Rádio Trans Mundial

Fico feliz em ver essa qualidade de publicação que define o trabalho de arrecadação de recursos como um ministério no Reino de Deus, que substitui técnicas manipulativas transacionais e estratégias de fechamento de vendas por uma dependência baseada na oração e na construção de relacionamentos como ferramentas essenciais para o sucesso. Os autores nos chamam a exercer papéis apropriados para semear fielmente e depois esperar, ter esperança e acreditar. Os semeadores não podem brincar de ser Deus e fazer com que as sementes cresçam. Tudo o que podem fazer, e devem fazer, é semear fiel e regularmente e confiar que Deus as fará crescer.

Howard Dayton, Presidente, Compass – Finances God's Way,
Co-fundador, Crown Financial Ministries

Com base na minha experiência pessoal em levantar recursos por mais de 20 anos no ministério cristão, concordo totalmente com as premissas básicas deste livro de que doar generosamente não é o resultado de um trabalho ministerial e sim de como Deus trabalha nas pessoas; que a verdadeira generosidade flui de corações transformados, uma vez que são conformados à imagem de Cristo, que é generoso; e que a captação de recursos cristã não se refere apenas a transações que empregam técnicas de marketing para garantir doações, mas é sobre motivar a transformação espiritual, a qual ajuda que as pessoas venham a ser ricas para com Deus por meio da doação.

Adam Morris, Dr., Vice-Presidente de Desenvolvimento,
Biola University

Scott e Gary entendem que a principal motivação do que pede eficazmente não é a liberação de recursos e sim libertação das pessoas. Explicam, de forma prática, como, quando as pessoas são libertadas, os recursos podem ser liberados exponencialmente. Convido você a ler e a aplicar este livro em benefício dos que pedem, do doador e do Reino!

Todd Harper, Presidente, Generous Giving

O financiamento da visão da Grande Comissão é um trabalho espiritual que tem que ser feito de maneira a priorizar o desenvolvimento de melhores mordomos dos recursos do Reino. Este livro irá ajudá-lo a fazer exatamente isso.

Steve Moore, Presidente e Executivo de The Mission Exchange

Scott Rodin e Gary Hoag são respeitados como mordomos aprendizes e líderes. Este livro leva líderes cristãos, trabalhadores, voluntários e doadores a uma viagem que transformará seu pensamento quanto à captação de recursos, ao ato de dar e à generosidade. Esta é uma leitura obrigatória para qualquer um que queira ir mais fundo e mais longe em sua viagem para a generosidade.

Brian Kluth, Escritor, Locutor de Rádio, Fundador da Maximum Generosity

Cansado de levantar recursos financeiros e quer poder concentrar-se no desenvolvimento de pessoas que amam a Deus e doam generosamente a partir de sua relação de amor? Rodin e Hoag proporcionam uma base completamente bíblica e uma reorientação de nosso foco na captação de recursos. Eles nos mostram que Deus quer que paremos de nos focar na arrecadação de fundos e comecemos a discipular pessoas para que sejam mordomos piedosos. Além disso, este livro está cheio de conselhos sábios e práticos sobre como fazer essa mudança. A distinção entre o papel de Deus e nossas responsabilidades o libertará e permitirá a você descobrir o que poderia converter-se na temporada mais significativa de nosso trabalho.

G. Craig Williford, Dr., Presidente, Trinity International University

A obra aqui apresentada representa uma relevante ferramenta para missionários, pastores e líderes, que buscam a perspectiva correta para o desenvolvimento dos trabalhos de mobilização de recursos e levantamento de sustento. As bases bíblicas e as reflexões inspiradas pelo Espírito Santo, confiadas aos autores, permitem ao leitor um profundo mergulho nos testemunhos apresentados e princípios abordados ao longo de toda a obra. De fato, cabe a cada missionário do Senhor a certeza de que lhe foi confiada uma atribuição específica, uma pequena parte de um mover amplo de Deus neste mundo. Cabe a nós compartilharmos, testemunharmos com nossas próprias vidas, sermos usados para plantar a semente nos corações daqueles que serão usados por Deus para contribuir generosamente, enxergando, pelos olhos da fé, que é o Senhor quem dá o crescimento.

Rafael Bandeira, Presidente Executivo do Fundo Brasileiro para Missões

O SEMEADOR

Publicações
Pão Diário

O SEMEADOR

Redefinindo o ministério de captação de recursos para o Reino

R. Scott Rodin e
Gary G. Hoag

Originally published in English under the title
The Sower: Redefining the Ministry of Raising Kingdom Resources,
by R. Scott Rodin and Gary G. Hoag
Copyright © 2010 ECFAPress
440 West Jubal Early Drive, Suite 100, Winchester, VA 22601 (ECFA.org).
All rights reserved.

Coordenação editorial: Adolfo A. Hickmann
Tradução: Raquel Villela Alves
Revisão: Adolfo A. Hickmann
Projeto gráfico: Audrey Novac Ribeiro
Diagramação: Rebeka Werner
Capa: *Semeador com Sol poente*, Vincent Van Gogh

Dados Internacionais de Catalogação na Publicação (CIP)

RODIN, R. Scott e HOAG, Gary G.
O Semeador — *Redefinindo o ministério de captação de recursos para o Reino*
Tradução: Raquel Villela Alves — Curitiba/PR, Publicações Pão Diário
Título original: *The Sower: Redefining the Ministry of Raising Kingdom Resources*
1. Vida cristã   2. Captação de recursos   3. Teologia prática   4. Ministério cristão

---

Proibida a reprodução total ou parcial sem prévia autorização por escrito da editora. Todos os direitos reservados e protegidos pela Lei 9.610, de 19/02/1998. Permissão para reprodução: permissao@paodiario.org

Exceto quando indicado no texto, os trechos bíblicos mencionados são da edição Nova Versão Internacional (NVI) © 2011 Sociedade Bíblica Internacional.

Publicações Pão Diário
Caixa Postal 4190
82501-970 Curitiba/PR, Brasil
publicacoes@paodiario.org
www.publicacoespaodiario.com.br
Telefone: (41) 3257-4028

Código: S5699
ISBN: 978-65-5350-096-9

1.ª edição: 2022
Impresso no Brasil

Índice

Prefácio 15

Prólogo 19

Introdução 23

Parte 1 — *O chamado do semeador (R. Scott Rodin)* 29

Capítulo 1 — *Mude de transações para transformação* 33

Capítulo 2 — *Mude da escravidão a dois reinos para a liberdade de um só Reino* 43

Capítulo 3 — *Concentre-se em cultivar corações que alegremente se convertam em mordomos* 53

Capítulo 4 — *Cresça como semeador* 59

Parte 2 — *As estações de trabalho do semeador (Gary G. Hoag)* 63

Capítulo 5 — *A estação da preparação — Inverno* 73

Capítulo 6 — *A estação da semeadura — Primavera* 85

Capítulo 7 — *A estação para cultivar as almas — Verão* 99

Capítulo 8 — *A estação para fazer a colheita — Outono* 115

Epílogo 123

Apêndice A — *Resumo do almanaque em uma visão geral* 125

Apêndice B — *Princípios bíblicos de mordomia e captação de recursos* 127

Notas finais 131

Prefácio

Desde o início dos anos de formação da ECFA (Evangelical Council for Financial Accountability), as ideias propostas e os processos implementados (tais como padrões e melhores práticas) têm-se baseado em uma cosmovisão bíblica fundamentada na verdade da Palavra de Deus como autoridade. A base para essa posição é encontrada em 2 Coríntios 8:21 (NVI): "Pois estamos tendo o cuidado de fazer o que é correto, não apenas aos olhos do Senhor, mas também aos olhos dos homens". Quando você olha para as normas da ECFA, há três áreas básicas que constituem as preocupações de prestação de contas: governança, finanças e captação de recursos/mordomia. Este livro se ocupa dessa terceira área e se dirige, em particular, a todos aqueles no ministério que desejam levantar recursos a partir de uma cosmovisão bíblica.

Esta publicação é, na verdade, uma extensão de muitos passos anteriores dados pelo ECFA para proporcionar recursos nessa área. Muitos ministérios cristãos estavam usando técnicas seculares de captação de recursos, com pouca atenção ao fato de as práticas serem consistentes ou não com a Palavra de Deus. Em 2003, a ECFA se uniu em um esforço para olhar a captação de recursos do ponto de vista bíblico. Uma força-tarefa de 23 pessoas (incluindo três presidentes de seminários) se reuniu sob a liderança de Wesley K. Willmer (então vice-presidente da Universidade de Biola). Como resultado do trabalho desta equipe, foi desenvolvido o documento Princípios Bíblicos de Mordomia e Captação de Recursos (veja Apêndice B, p.127). O ECFA publicou esses princípios, que foram alguns dos primeiros documentos para promover um movimento baseado na Bíblia que vê como propósito principal da captação de recursos a motivação das pessoas para serem ricas para com Deus. Como aperfeiçoamento adicional desses princípios, este livro se baseia nessas três suposições:

1. Dar generosamente não se baseia unicamente no trabalho de um indivíduo ou nos esforços de uma organização e sim na obra de Deus nas pessoas. Como você lerá, a Escritura base para este livro, 1 Coríntios 3:6-9, nos recorda que ainda que semeemos e cultivemos na vida das pessoas, e pode ser que tenhamos o privilégio de colher, Deus é quem dá o crescimento. Esta verdade e as outras ideias neste livro estão estruturadas para mudar por completo a perspectiva de sua organização sobre a captação de recursos para o Reino.

2. Generosidade flui de corações transformados quando se conformam à imagem de Cristo, que é generoso. As Escrituras nos mostram o forte contraste entre a verdadeira generosidade de Barnabé (ATOS 4:32-37) e a imitação de generosidade de Ananias e Safira (ATOS 5:1-11). A premissa deste livro é que, para estimular a generosidade cristã, você deve semear intencionalmente semente espiritual nas vidas do povo de Deus. Este livro mostrará se seu ministério tem qualquer semente para semear e, se não, como encher sua bolsa de sementes.

3. A captação cristã de recursos não é apenas sobre como garantir as transações ou as doações, mas encorajar a transformação espiritual, ajudando as pessoas a se converterem em doadores ricos para com Deus. Em Filipenses 4:17, o apóstolo Paulo diz: "Não que eu procure o donativo, mas o que realmente me interessa é o fruto que aumente o vosso crédito" (ARA). Paulo tinha cuidado com o que ocorria nos corações e na vida dos cristãos em Filipos, independentemente de doarem ou não. Este livro ensinará você a como obter isto em sua própria vida e no trabalho.

É minha fervorosa oração que Deus use este livro de uma maneira significativa para aumentar, a partir de um ponto de vista bíblico, os recursos necessários para cumprir a Grande Comissão.

Dan Busby
Presidente
ECFA

Prólogo

No livro *Descobrindo Deus nos lugares mais inesperados*, Philip Yancey lembra como guardou cada apelo de campanha de arrecadação de fundos que recebeu no prazo de um mês e depois analisou os 62 apelos. Como resultado, concluiu que os apelos feitos pelas organizações cristãs usavam as mesmas técnicas transacionais (sublinhados, uso de *Post Scriptum*, foco na urgência etc.) de todas as demais e que nem um único apelo de uma organização cristã se concentrou na necessidade de Yancey como cristão, para honrar e obedecer a Deus por meio da doação. Da mesma forma, o ilustre professor de Novo Testamento Craig Blomberg, do Seminário de Denver, no livro *Revolution in Generosity*, levanta o tema fundamental: porque os "ministérios cristãos que estão arrecadando dinheiro não enfatizam as verdades bíblicas centrais de que dar é parte de uma transformação de toda a vida, que a mordomia e a santificação caminham juntas como sinais de obediência e maturidade cristãs, e que Deus nos chamará para prestar contas do que fazemos com 100% dos bens que Ele nos emprestou."

Ambos, Yancey e Blomberg, estão corretos – a maioria dos ministérios cristãos adotou a abordagem "o que quer que funcione" da ciência transacional da maioria das arrecadações de recursos. No entanto, a generosidade não está ocorrendo quando a população em geral está doando apenas um por cento *per capita* e o grupo mais generoso – evangélicos – mal está doando quatro por cento *per capita*. Em geral, os cristãos querem evitar o assunto fé e finanças. A maioria dos seminários não ensina sobre o assunto e os pastores o evitam como uma praga. Como resultado, os levantadores de fundos de organizações cristãs aderiram ao caminho de nossa cultura na captação de recursos. Existe, portanto, uma crise, uma falta de generosidade devido à negação de que a mordomia sábia e a doação generosa são o resultado natural de uma vida dedicada a Deus e a Cristo, e que é por meio da transformação de Deus no coração de uma pessoa para refletir a imagem de Cristo que ele ou ela se torna generoso(a) como Cristo é generoso. Devemos mudar nosso foco. Em vez de pedir, ajudar os cristãos a serem ricos para com Deus, honrando a Deus com seus bens.

Scott Rodin e Gary Hoag abordam as preocupações com a falta de generosidade e com a falta de foco espiritual de que tratam Philip Yancey e Craig Blomberg, fornecendo uma redefinição de como os recursos devem ser captados pelos ministérios cristãos. *O Semeador* descreve ambos os princípios teológicos de como o dinheiro deve ser levantado a partir de uma cosmovisão bíblica e ainda fornece passos práticos para aplicar esses princípios aos esforços em curso no ministério.

A mensagem neste livro não é encontrada em muitos outros lugares. Um dos pontos fortes do livro é a experiência única dos autores. Tanto Scott Rodin como Gary Hoag foram treinados teologicamente e ambos trabalharam em tarefas de desenvolvimento de recursos práticos. Como resultado, não se trata apenas de estudos acadêmicos inviáveis e sim que os valores dos autores foram provados em campo com sucesso ao longo do tempo. Creio que este livro é um recurso ao qual você desejará continuar a se referir em sua tentativa de centrar-se em como Deus quer que você o honre em seus esforços de levantamento de recursos.

A capa deste livro conta uma história vívida sobre alguns dos temas centrais desta publicação. Enquanto o papel daqueles que levantam recursos é semear e regar sementes, é somente Deus que faz as coisas crescerem (1 CORÍNTIOS 3:1-9). Precisamos manter isso em mente. Deus é quem levanta fundos. Além disso, a imagem do semeador e o pôr do sol capturam o estado da Igreja hoje. O tempo pode ser curto até que Cristo volte; por isso devemos semear princípios bíblicos com um nível de urgência. Os pássaros representam o maligno, que pode roubar a semente que você planta, mas isso não nos deve impedir de levantar recursos sob a perspectiva de Deus.

Atribui-se a Horace Bushnell a afirmação: "Mais um reavivamento, apenas mais um é necessário; o reavivamento da mordomia cristã; a consagração a Deus do poder do dinheiro da Igreja; e quando esse reavivamento vier, o Reino de Deus chegará em um dia. Você não pode evitá-lo, como não pode deter as marés do oceano." Talvez se todos semeassem como Deus nos chama a fazer, poderíamos trazer esse reavivamento da mordomia cristã que poderia fazer o Reino de Deus chegar em um dia. Encorajo você a ler e a participar do movimento de se tornar um semeador fiel.

Wesley K. Willmer, Ph.D.
Vice-presidente Principal ECFA

Introdução

Este livro foi escrito para dar impulso a um movimento voltado ao coração de todas as pessoas envolvidas no processo de captar recursos ou doar dinheiro para a obra do Reino de Deus. Você pode ser responsável pelo levantamento de recursos financeiros em tempo integral, um diretor executivo, um pastor, um presidente, um membro da diretoria, um voluntário ou um doador fiel. Você pode ter décadas de experiência em levantamento de fundos ou essa pode ser a primeira coisa que você já leu sobre o assunto. Seja como for, se você se preocupa em dar ou levantar recursos para a obra de Deus valendo-se de uma perspectiva bíblica, este livro foi escrito para você.

O movimento que estamos apoiando é um esforço para nos afastarmos da abordagem transacional comumente utilizada para levantar recursos financeiros e levá-la para um enfoque mais bíblico, de transformação de corações. Dito de outra maneira, é realinhar prioridades para colocar corações transformados para com Deus acima dos balanços bancários transformados. É uma nova ordem, que busca desenvolver mordomos fiéis, cujos corações sejam ricos para com Deus. Redefine o trabalho de captação de recursos como ministério no Reino de Deus. E reposiciona as técnicas de manipulação e as estratégias de fechamento de vendas, passando a contar com uma dependência de oração e edificação de relações como ferramentas essenciais para o êxito.

Por um tempo longo demais, falou-se muito pouco sobre como devemos levantar dinheiro no Reino de Deus. Abordagens seculares foram adotadas sem razão por organizações e ministérios cristãos. Como resultado, embora tenhamos tido algum sucesso em levantar recursos financeiros, falhamos em levantar mordomos piedosos. Nos últimos anos, no entanto, o silêncio foi quebrado; uma grande variedade de vozes se uniu a um pequeno grupo de defensores fiéis de longa data para questionar nossas práticas. O resultado dessas forças combinadas é um movimento entre profissionais cristãos de levantamento de recursos, consultores, teólogos e líderes de ministérios para repensar toda nossa abordagem de levantar dinheiro para a obra de Deus.

Quando decidimos produzir este livro, procuramos uma descrição viva para transmitir de maneira simples as ideias que procurávamos apresentar. Encontramos uma no texto abaixo, da primeira carta de Paulo ao Coríntios. Enfrentando a divisão na igreja entre grupos que preferiam um estilo de liderança e ensino em detrimento de outro, Paulo usou uma metáfora agrícola para exortar a igreja à unidade. Veja o que ele diz em 1 Coríntios 3:1-9:

> *Eu, porém, irmãos, não vos pude falar como a espirituais, e sim como a carnais, como a crianças em Cristo. Leite vos dei a beber, não vos dei alimento sólido; porque ainda não podíeis suportá-lo. Nem ainda agora podeis, porque ainda sois carnais. Porquanto, havendo entre vós ciúmes e contendas, não é assim que*

> sois carnais e andais segundo o homem? Quando, pois, alguém diz: Eu sou de Paulo, e outro: Eu, de Apolo, não é evidente que andais segundo os homens? Quem é Apolo? E quem é Paulo? Servos por meio de quem crestes, e isto conforme o Senhor concedeu a cada um. Eu plantei, Apolo regou; mas o crescimento veio de Deus. De modo que nem o que planta é alguma coisa, nem o que rega, mas Deus, que dá o crescimento. Ora, o que planta e o que rega são um; e cada um receberá o seu galardão, segundo o seu próprio trabalho. Porque de Deus somos cooperadores; lavoura de Deus, edifício de Deus sois vós.

Paulo esclarece e define sua vocação em relação à obra de Deus. Ele desvia todo louvor e glória de si mesmo e de Apolo e os entrega somente a Deus pelo ministério que ocorreu em Corinto. Ele não permitirá a si próprio, a Apolo, ou àqueles que os seguem roubar a glória de Deus. Cada um deles tem um papel a desempenhar, mas comparado ao trabalho de Deus "que dá o crescimento", o trabalho de plantar e regar de Paulo e Apolo representa muito pouco. Isso não significa depreciar nosso trabalho, mas colocá-lo em sua relação adequada com o trabalho de Deus no e por meio (e às vezes apesar) do nosso.

Então Paulo planta. Essa é uma nobre e santa vocação, e é essencial para a lavoura crescer. Deus não faz chover sementes celestiais. As culturas precisam de um semeador. Em termos espirituais, as pessoas precisam de líderes que as instruam, admoestem e exortem. Todo o povo de Deus está em processo de crescimento em discipulado e serviço. Os semeadores plantam sementes para promover esse crescimento.

Todos nós que professamos fé em Cristo temos semeadores em nossas vidas. Alguns são pastores, alguns professores, alguns mentores, alguns familiares, alguns colegas, alguns cônjuges e alguns filhos. Da mesma forma, muitos de nós estão plantando sementes na vida de outros.

Há um aspecto interessante na semeadura. Por toda sua importância nas possibilidades de crescimento, ela tem um limite nítido e requer uma fé profunda. O limite é simplesmente que, uma vez que a semente está no solo, o semeador não tem mais controle sobre o que acontece. Boa semente em bom terreno produz boa colheita, mas não necessariamente. Possivelmente, você já experimentou plantar batatas em uma linda caixa com boa terra, fertilizantes e muita água. Perto dali, há uma pilha de lixo orgânico onde foram jogados resíduos de cozinha, incluindo cascas e batatas velhas que haviam estragado. Várias semanas após a semeadura das batatas, um inseto infame entrou nas plantas de batata e as destruiu, enquanto em nossa lixeira, uma batata podre brota como uma planta saudável, crescendo alegremente no lixo. Vá entender!

Tudo o que os semeadores podem fazer é semear fielmente. Então têm que aguardar, ter esperança e crer. Semeadores não podem brincar de ser Deus e fazer com que as sementes cresçam. Tudo o que podem fazer, e devem fazer, é semear fiel e regularmente, e confiar em Deus para o crescimento.

Por esse motivo, a imagem do semeador fiel é a proposição perfeita deste livro. A parte I – O Chamado do Semeador estabelece um fundamento bíblico para levantar mais do que dinheiro no Reino de Deus. A Parte II – As Estações de Trabalho para o Semeador fornece uma estrutura organizada como o almanaque de um agricultor para aplicar esses conceitos ao nosso chamado como solicitantes e doadores. O objetivo dessas duas seções é demonstrar que os semeadores levantam mais do que recursos financeiros para a obra do Reino. Os semeadores levantam mordomos para serem ricos para com Deus.

Parte 1

O chamado do semeador

R. SCOTT RODIN

O único objetivo da semeadura é estimular o crescimento. O desejo de crescer em termos espirituais está no cerne do que significa ser cristão. Como seguidores de Jesus Cristo, todos nós estamos em uma jornada, e essa jornada envolve crescimento contínuo. À medida que crescemos em fé, confiança e submissão, em serviço e devoção, seguimos mais adiante no caminho para o qual Deus nos chamou. Crescer e seguir na jornada estão integralmente relacionados.

A jornada de um discípulo é composta de movimentos específicos, que nos afastam de algumas coisas e nos levam em direção a outras. Por exemplo, estamos em uma jornada do quebrantamento à integralidade; todos buscamos a restauração completa dos relacionamentos em nossas vidas. Estamos em uma jornada da separação para a intimidade; Deus está chamando cada um de nós para uma intimidade mais profunda com Ele. Estamos em uma jornada da desobediência à fidelidade; Deus nos está chamando a ter mais e mais fidelidade em nosso relacionamento com Ele. E estamos em uma jornada da autossuficiência à submissão e confiança. Esses são apenas alguns exemplos das áreas de crescimento na vida de cada mordomo.

Essa jornada começa com fé em Jesus Cristo e, a partir daí, é uma caminhada pelo resto da vida, em direção à plenitude, intimidade, fidelidade, submissão e confiança. Se você crê que está nessa jornada como filho de Deus, é importante entender que todos os envolvidos em seu ministério estão nessa mesma jornada. Isso inclui os seus mantenedores! Se eles são crentes, estão seguindo o mesmo caminho. Isso deve impactar a maneira como oramos por eles, como procuramos interagir com eles e como conversamos com eles sobre seus recursos.

Da mesma maneira que confiamos em outros para espalhar sementes em nossas vidas para podermos crescer, devemos entender nosso chamado para fazer o mesmo pelas pessoas ao nosso redor, incluindo nossos mantenedores.

Precisamos uns dos outros nessa jornada porque Deus trabalha por meio de Seu povo. Não vamos sozinhos nessa jornada. Deus nos organiza em famílias, igrejas, comunidades e no corpo de Cristo. Devemos caminhar juntos em relacionamento, assim como Deus nos criou, porque Deus valoriza os relacionamentos. Se você tem sido um doador fiel ou trabalhou por muito tempo no levantamento de recursos, conhece o valor e a importância dos relacionamentos. Lembre-se de que as pessoas com as quais você interage também estão nessa jornada; seu chefe está nessa jornada, seus colegas de trabalho estão nessa jornada, sua diretoria está nessa jornada, somos chamados e recebemos a ordem para seguir juntos. Para nós, como autores, entender a jornada é o sistema operacional fundamental do nosso trabalho de levantamento de recursos.

Todo movimento de um lugar para outro ao longo do caminho que Deus deseja que percorramos é resultado de crescimento. E esse crescimento é, com mais frequência, o produto de sementes semeadas em nossas vidas. Sem pessoas espalhando sementes, o crescimento do Corpo de Cristo fica estagnado. Estagnação significa que deixamos de nos mover pelos caminhos que marcam nossa caminhada com Jesus Cristo.

Você está crescendo ou ficou estagnado em sua jornada? De onde vêm as sementes que tornam possível o crescimento em sua vida? Encontre os semeadores em sua vida e cultive esses relacionamentos. Eles são vitais para sua caminhada com Cristo.

Por outro lado, você está plantando sementes na vida das pessoas de quem gosta? As pessoas da sua vida estão crescendo? Faça essa pergunta diretamente a seu cônjuge, a seus filhos, a seu chefe, a seus colegas de trabalho, a seus irmãos na fé, a seus amigos e a seus mantenedores financeiros. Você está plantando boas sementes na vida deles para ajudá-los a crescer?

O chamado do semeador exige de nós: (1) mudar de transações para transformação, (2) passar da escravidão a dois reinos para a liberdade de um só Reino, (3) concentrar-se em cultivar corações que alegremente se tornarão mordomos e (4) crescer como semeador.

Capítulo 1

Mude de transações para transformação

Ó, homem, envie seu tesouro, envie-o com antecedência para o Céu, senão as almas que Deus lhe deu serão enterradas na Terra. O ouro vem das profundezas da Terra – a alma, do mais alto Céu. Claramente, é melhor levar o ouro para onde a alma reside que enterrar a alma na mina de ouro. É por isso que Deus ordena àqueles que servirão em seu exército aqui embaixo que lutem como homens despidos de preocupação por riquezas e desimpedidos de qualquer coisa. A estes ele concedeu o privilégio de reinar no Céu.[1] PETER CHRYSOLOGUS (C. 380–450)

Em 1 Samuel 15, Samuel repreende o rei Saul por não ouvir a Deus antes de ir à guerra contra os amalequitas. A partir do versículo 20, Saul responde a Samuel,

> *Então, disse Saul a Samuel: Pelo contrário, dei ouvidos à voz do* SENHOR *e segui o caminho pelo qual o* SENHOR *me enviou; e trouxe a Agague, rei de Amaleque, e os amalequitas, os destruí totalmente; mas o povo tomou do despojo ovelhas e bois, o melhor do designado à destruição para oferecer ao* SENHOR, *teu Deus, em Gilgal.*

Lembre-se de que foi dito a Saul para destruir os amalequitas e não trazer nada de volta. Mas Saul achou que tinha um plano melhor. Decidiu trazer de volta o melhor do gado e dos rebanhos, sacrificar alguns a Deus e manter o restante para adicionar ao seu próprio gado e rebanho. Então, depois de desobedecer a Deus, ele voltou, acreditando que poderia colocar-se em paz com Deus ao sacrificar alguns dos melhores animais para Ele.

Samuel não aceitou nada disso. Repreendeu Saul, dizendo: "Tem, porventura, o SENHOR tanto prazer em holocaustos e sacrifícios quanto em que se obedeça à sua palavra? Eis que o obedecer é melhor do que o sacrificar, e o atender, melhor do que a gordura de carneiros".

Obedecer é melhor que o sacrifício. Mantenha esse pensamento por um minuto e vejamos Oséias, capítulo 6, começando no versículo 6: "Pois misericórdia quero, e não sacrifício, e o conhecimento de Deus, mais do que holocaustos. Mas eles transgrediram a aliança, como Adão; eles se portaram aleivosamente contra mim". Oséias está chamando os filhos de Israel, dizendo: "Deus está cansado de sacrifícios, Ele não está buscando sacrifícios, Ele quer misericórdia".

Por fim, passemos ao grande texto do primeiro capítulo do livro de Isaías. Isaías continua com o mesmo tema, começando no versículo 10.

> *Ouvi a palavra do* Senhor, *vós, príncipes de Sodoma; prestai ouvidos à lei do nosso Deus, vós, povo de Gomorra. De que vos serve a multidão de vossos sacrifícios? – diz o* Senhor*. Estou farto do holocausto de carneiros e da gordura de animais cevados e não me agrado do sangue de novilhos, nem de cordeiros, nem de bodes. Quando vindes para comparecer perante mim, quem vos requereu o só pisardes os meus átrios? Não continueis a trazer ofertas vãs; o incenso é para mim abominação, e as Festas da Lua Nova, os sábados, e a convocação das congregações; não posso suportar iniquidade associada ao ajuntamento solene. As vossas Festas da Lua Nova e as vossas solenidades, a minha alma aborrece; já me são pesadas; estou cansado de as sofrer. Pelo que, quando estendeis as mãos, escondo de vós os olhos; sim, quando multiplicais as vossas orações, não as ouço, porque as vossas mãos estão cheias de sangue. Lavai-vos, purificai-vos, tirai a maldade de vossos atos de diante dos meus olhos; cessai de fazer o mal. Aprendei a fazer o bem; atendei à justiça, repreendei ao opressor; defendei o direito do órfão, pleiteai a causa das viúvas.*

O que isso tem a ver com a jornada de transação para transformação? Creio que, ao longo das Escrituras, Deus está constantemente nos chamando para examinar a obra exterior que fazemos em relação ao coração que temos ao fazer essa obra. Os filhos de Israel estavam fazendo as coisas certas. Eles estavam realizando rituais, exatamente como Deus havia lhes dito que fizessem. Deus estabeleceu o sacerdócio levítico, o templo, o sistema de sacrifício e Seu povo estava seguindo os movimentos exteriores exatamente como instruído. No entanto, seus corações estavam longe de Deus. Saul assumiu erroneamente que um simples ato externo de sacrifício expiaria sua desobediência. Oséias lamentou que, entre os filhos de Israel, as ofertas queimadas tivessem substituído o conhecimento de Deus. Eles estavam empregando as técnicas certas, eles estavam praticando coisas que funcionavam, mas seus corações estavam em qualquer outro lugar. E Deus se cansou disso.

No Novo Testamento encontramos a mesma desconexão entre corações e mãos. Considere a história de Maria e Marta. Jesus vem visitar Betânia. Marta fica ocupada na cozinha, *fazendo* todas as coisas certas. Maria abandona o fazer e vai sentar-se aos pés de Jesus, e Marta não fica feliz. Maria não está *fazendo* o trabalho que se supõe que deveria fazer. Ela parece estar perdendo seu tempo sentada aos pés de Jesus e ouvindo Suas palavras. No entanto, Jesus elogia Maria por fazer a melhor escolha.

Após quase cinquenta anos de trabalho conjunto com ministérios, concluímos que, como Marta, estamos morrendo de tanto *fazer*. Cada um de vocês que lê isso pode *fazer* coisas ao ponto da exaustão, esgotamento, desânimo e desespero. Há coisas suficientes para fazer em seu ministério para consumi-lo totalmente e derrotá-lo. Você concorda? E, no entanto, muitos de vocês estão sendo pressionados a fazer ainda mais, porque mais dinheiro precisa ser levantado. Hoje há mais pressão financeira sobre os ministérios, o que significa que precisamos pedir mais, conversar com mais doadores, garantir mais ofertas, colocar nosso presidente na frente das pessoas com mais frequência, envolver mais nossa equipe e assim por diante. Estou no caminho certo? Estamos todos sentindo isso, e é tudo uma questão de *fazer*.

Mais do que qualquer outra área do ministério hoje, somos medidos neste trabalho pelo que fazemos. O departamento de *levantamento de recursos* faz seus relatórios usando tabelas e gráficos. Falamos sobre nosso trabalho em termos de metas financeiras, porcentagens de participação, média de ofertas e totais de promessas. De termômetros nos corredores a relatórios anuais enviados por e-mail a toda nossa base de dados, todos sabem exatamente se somos bem-sucedidos ou não. A nossa profissão é altamente mensurável, onde somos avaliados quase exclusivamente pelo que fazemos e quanto levantamos. Há algo fundamentalmente errado nesse quadro.

Pense novamente em nossa imagem do semeador; é como se nos pedissem para fazer ambas as coisas, semear e fazer crescer. Somos responsáveis não apenas por plantar a semente *e* regá-la, mas também pelo cultivo e pela colheita. De fato, nessa compreensão de nosso trabalho, a imagem do semeador é inadequada. As organizações querem quem colha, crendo que controlamos a lavoura. Parafraseando Paulo, construímos nossos programas de captação de recursos com a crença de que "o presidente planta, os voluntários regam e o departamento de levantamento traz o crescimento". Onde está Deus nisso? Onde realmente?!

Mudar esse modo de pensar não exige nada menos que uma revolução. E o movimento de que falamos é o trovão à distância, alertando-nos de que a revolução está chegando.

Isso nos leva a três declarações fundamentais sobre essa jornada e sobre nosso papel como semeadores. Primeiro, *Deus se importa principalmente com quem somos e não com o que fazemos.* Essa é uma declaração transformadora. Deus tem uma paixão por você se tornar um filho dele mais profundamente comprometido, porque Ele sabe que à medida que você se torna mais parecido com Cristo, sua vida será transformada de dentro para fora.

Se você crê nessa declaração, vamos ver como essa prioridade se reflete em sua agenda diária. Sua vida laboral reflete a prioridade de Deus de formá-lo e moldá-lo para ser um filho de Deus para que possa fazer a obra do Reino? E a sua vida devocional? Quanto tempo você gasta intimamente com a Palavra de Deus, em oração, em devoção? De que maneira você fica disponível diariamente para Deus levá-lo na jornada da transformação do seu coração?

Todos precisamos de semeadores para nos ajudar, e todos precisamos estar semeando na vida dos outros. Uma verdade deve guiar-nos aqui. Não podemos semear se não estivermos crescendo. Pessoas espiritualmente estagnadas têm sacos de sementes vazios. Como seguidores de Cristo, precisamos crescer diariamente para que nossos sacos de sementes fiquem cheios. Como encarregados do chamado para levantar recursos financeiros para a obra de Deus, devemos ser fiéis semeadores da boa semente na vida de nossos companheiros de trabalho, de nossos voluntários e de nossos doadores.

A segunda afirmação que deriva da primeira é a seguinte: *Deus se importa principalmente com o nosso ser antes do nosso agir.* Como mencionado, estamos morrendo de tanto fazer as coisas. Pouquíssimas pessoas poderiam ser acusadas de gastar tanto tempo desenvolvendo suas características como filhos de Deus que não estão fazendo nada pelo Reino. Na verdade, não conheço ninguém culpado por *estar* muito tempo com Deus. Pessoas que passam uma quantidade expressiva de tempo desenvolvendo seus corações e características como filhos de Deus estão *fazendo* algumas coisas surpreendentes. São pessoas em equilíbrio; pessoas que priorizam o *ser* antes do *fazer*.

Como você encontra esse equilíbrio em um trabalho que é medido apenas pelo *fazer*? Esse é o desafio que enfrentamos e devemos travar essa batalha primeiro em nível pessoal. Restaurar o equilíbrio entre o *ser* e o *fazer* é a responsabilidade mais crítica de qualquer obreiro no Reino de Deus. O inimigo nos enganará levando-nos a pensar que Deus deseja primeiro nosso *fazer*, mesmo às custas de nosso *ser*.

Servi como presidente de seminário por cinco anos. Uma história que me perturbou profundamente foi ouvir que os alunos consideravam os anos no seminário como um dos momentos espiritualmente mais secos de suas vidas. Parecia impossível, cercados por bibliotecas cheias de clássicos da fé, professores que eram profundamente maduros e seguidores compromissados de Cristo, e um currículo que os conduzia ao melhor pensamento sobre a fé e a vida cristã. A explicação deles era simples e perturbadora: o foco deles durante quatro anos estava no *fazer* às custas do *ser*. Eles se esforçavam tanto para fazer o trabalho de aprender sobre Deus, sobre a igreja e sobre o ministério, que preenchiam todo o tempo que teriam para estar com o próprio Deus. Quantos pastores, líderes de ministérios e, sim, responsáveis por levantamento de recursos têm o mesmo pesar? Quantos de nós iniciam cada dia com sacos de sementes vazios? Mais uma vez, não podemos semear o que não possuímos, e o que reabastece nossos sacos de sementes não é o nosso fazer, mas o nosso ser; é a nossa disponibilidade ao Espírito Santo para nos levar a uma fé mais profunda, a uma comunhão mais rica e a um entendimento maior. A menos que o Espírito trabalhe em nós em nossos momentos tranquilos, íntimos e de entrega a Deus, deixaremos de ser semeadores.

Manter esse equilíbrio provavelmente também exigirá que você trave essa batalha no seu local de trabalho. Em um sistema que espera alguém que colha, você pode ter que travar uma batalha em sua instituição para manter o papel de semeador. Como está esse equilíbrio em sua vida pessoal, vida familiar, casamento e vida profissional? Seu *ser* está sendo sacrificado no altar de prazos e desempenho? É importante voltar a priorizar o *ser* sobre o *fazer* e começar a orar por isso, buscando ajuda e orientação de Deus para recuperá-lo e mantê-lo em cada área da sua vida. Só então você poderá semear boas sementes na vida daqueles a quem ama.

A terceira declaração é a conclusão que decorre das duas anteriores, que *Deus se importa principalmente com a transformação de nossos corações, e não com a transação de nossos negócios.* Então deixe-me perguntar:

- *Como está esse processo de transformação em sua jornada?*

- *Em sua vida, o que é mais necessário para ser mudado e transformado?*

- *Quando você pensa em Deus chamando você de uma jornada da transação e do fazer para a transformação e o ser, onde você o vê trabalhando nessa transformação?*

Você não pode guiar outros nessa jornada se você próprio não estiver na jornada. Aí reside uma das maiores hipocrisias do Reino de Deus: pessoas que são pobres em sua mordomia pessoal tentando realizar um trabalho de levantamento de recursos em nome de Jesus. Temos pessoas espiritualmente estagnadas, encarregadas de um ministério de semeadura. Temos pessoas transacionais desenvolvendo planos e estratégias para uma obra de ministério totalmente transformacional.

Portanto, a questão é como tudo isso afeta a maneira como você conduz seu trabalho de captação de recursos? Quão diferentemente você olharia as pessoas para quem solicita fundos, se o seu chamado como cristão levantador de recursos for entrar em sua jornada e ser usado por Deus para semear boas sementes na vida delas? Essa boa semente é instrumento de Deus para ajudar a transformar cada um de nossos mantenedores em mordomos mais piedosos.

Essa percepção foi uma mudança de paradigma para mim. Quando percebi que meu principal chamado como pessoa de captação de recursos deveria ser o de ser usado por Deus para cultivar corações para serem ricos em relação a Ele, tudo o que eu fazia mudou. Minha vida de oração mudou. Eu não orava mais: "Querido Deus, por favor ajuda-me a ser bem-sucedido em levantar recursos financeiros com o Sr. e a Sra. Silva." Minha nova oração era: "Querido Deus, ajuda-me a discernir como queres me usar como instrumento na jornada deles para se tornarem mordomos mais piedosos". E descobri que, se eu seguisse a liderança de Deus e me permitisse ser usado por Deus para esse propósito, o crescimento espiritual ocorreria na vida deles e na minha. Por meio de mudança no coração deles,

Deus supriu todas as nossas necessidades, de acordo com Suas riquezas gloriosas!

Deus abençoa a semente que semeamos. Quando as pessoas se tornam mordomos mais piedosos, elas dão mais liberalmente, mais alegremente e mais sacrificialmente. Mas ainda é uma jornada. A recente recessão nos proporcionou uma janela de oportunidade sem precedentes. Raramente nos foi dada uma oportunidade maior de trilhar esse caminho com nossos mantenedores. Muitos deles estão profundamente preocupados, até assustados. Eles têm visto uma diminuição no valor dos bens que Deus lhes confiou e muitos perderam seus empregos ou tiveram reduções significativas no trabalho. Estão fazendo perguntas. Estão procurando pessoas que se importam com eles e, se nos aproximarmos deles e entendermos que somos chamados a fazer essa jornada com eles, poderemos ministrar de maneiras sem precedentes.

Por essa e tantas outras razões, é crítico que compreendamos a natureza ministerial de nosso trabalho. A mudança de transação para transformação é obra de Deus, mas somos Suas mãos e pés. Somos semeadores, então nossos sacos de sementes devem estar cheios.

Capítulo 2

Mude da escravidão a dois reinos para a liberdade de um só Reino

Onde está nosso tesouro?
Está na Terra ou no Céu?
O que estamos fazendo?
Qual é o objetivo de nossas vidas?
Estamos apenas vivendo para acumular dinheiro ou para conseguir uma posição no mundo para nossos filhos?
Ou estamos tentando garantir aqueles tesouros que podemos guardar em segurança no Céu, tornando-nos ricos para com Deus?[2] DWIGHT LYMAN MOODY

A segunda parte desta jornada é de proprietário para mordomo. Mais especificamente, é da escravidão a dois reinos para a liberdade de um só Reino. Uma visão geral e resumida da teologia do mordomo piedoso ajuda a explicar esta segunda parte da jornada.

Sabemos que fomos criados à imagem de nosso Deus trino: Pai, Filho e Espírito Santo. O Deus que conhecemos por meio de Jesus Cristo é relacional em Sua própria natureza, habitando mútua e eternamente no relacionamento com o Pai e com o Espírito Santo. Fomos criados conforme essa imagem. Como tal, somos orientados e equipados para viver à imagem de um Deus que, em Sua própria natureza, é relacionamento. Esse é o ponto de partida para a compreensão do conceito da mordomia bíblica.

Quando lemos o relato de Gênesis, entendemos que Deus nos criou para relacionamentos em quatro níveis: nosso relacionamento com Deus, nosso relacionamento conosco mesmos, nosso relacionamento com nosso próximo e nosso relacionamento com a criação. Adão e Eva não tiveram que trabalhar ou tentar descobrir o que era a vida. Adão e Eva caminhavam com Deus no frescor da tarde – integralidade do primeiro nível. Nós também fomos criados para um relacionamento completo com nosso próprio eu, para termos um entendimento completo de quem éramos, por que estamos aqui e de qual é nosso verdadeiro propósito na vida. Adão e Eva foram criados para amar a Deus e cuidar do jardim – integralidade do segundo nível. Também fomos criados para um relacionamento completo com nosso próximo, para amar nosso próximo como amamos a nós mesmos. Quando nos conhecemos e nos amamos, só então podemos conhecer e amar o próximo como nos amamos – integralidade do terceiro nível. Finalmente, fomos criados para relacionamentos plenos com o mundo que foi trazido à existência por nosso Criador. Fomos colocados em um jardim e recebemos o mandato e o privilégio de cuidar do jardim – integralidade do quarto nível. Gênesis 1–2 retratam a imagem do primeiro homem e mulher em relacionamentos plenos, saudáveis e vivificantes em todos os quatro níveis. Esse foi o propósito de Deus ao nos criar à Sua imagem.

Infelizmente, as coisas não ficaram assim. Sabemos que quando o pecado entrou no mundo, trouxe ruptura em todos os quatro níveis. Nosso relacionamento com Deus foi quebrado. Banida do jardim, a humanidade só podia aproximar-se de Deus com temor e tremor, usando mediadores para se colocarem diante de Deus e pedir perdão.

Nosso relacionamento com nosso eu também foi quebrado. De repente, Adão e Eva se viram em um mundo hostil, distantes de Deus e imaginando o que isso significava para eles próprios e qual o propósito. Passamos nossa vida tentando descobrir isso de novo neste lado da queda.

Nosso relacionamento com nosso próximo foi quebrado. A primeira história após a queda foi a morte de Abel por Caim, que deu início à história da "desumanidade do homem para com o homem".

Finalmente, houve um relacionamento distorcido e quebrado com o mundo criado. Após a queda, definimos domínio como dominação, governo como abuso e sujeição como exploração. Nossa acumulação e consumo excessivo de recursos do mundo, juntamente com nossa própria luta por dinheiro e posses, são todos indicadores de nossa ruptura neste quarto nível.

A boa notícia é que, por meio de Jesus Cristo, esses relacionamentos foram restaurados em todos os quatro níveis. Cristo veio para restaurar nosso relacionamento com Deus (fomos trazidos para perto dele por meio do sangue de Cristo), conosco mesmos (nosso propósito de vida foi restabelecido), com nosso próximo (agora somos chamados mais uma vez para amar nosso próximo como a nós mesmos e servir ao próximo como a Cristo) e com o mundo criado (fomos restaurados como mordomos em Cristo na preciosa criação de Deus; somos chamados novamente para cuidar deste maravilhoso mundo que Deus nos deu).

Em todos os quatro níveis, esses relacionamentos nos foram dados na criação, perdidos na queda e totalmente redimidos pelo sangue de Cristo. Isso significa que cada um deles nos foi devolvido como um presente precioso e somos *administradores* desses relacionamentos redimidos em todos os quatro níveis. Portanto, a definição de mordomia é: "refletir nosso Deus criador por meio de relacionamentos plenos e redimidos em todos os quatro níveis e glorificar a Deus pela prática contínua, em cada um, do trabalho de mordomo".

Essa é uma rica e teologicamente sólida compreensão bíblica do que significa ser mordomo no Reino de Deus. A chave para essa definição é que servimos como mordomos, não como proprietários, desses relacionamentos. Eles não são nossos. Pertencem a Deus, que os trouxe de volta para nós quando os perdemos por nossa desobediência. Recebemos a ordem de nutrir, honrar e aprofundar esses relacionamentos. Para fazer isso, devemos continuamente colocar todos eles nas mãos de Deus e sob Sua autoridade. Quando fazemos isso, vivemos como mordomos de um só Reino. Neste Reino, há apenas um Senhor. Tudo pertence a Ele. Tudo! Nossos relacionamentos com Deus, conosco mesmos, com nosso próximo e com a criação foram todos devolvidos a nós por meio de Cristo. Tudo faz parte do Reino de Deus. Tudo está a serviço de um único Senhor em um só Reino, como povo de um só Reino. E respondemos a esse Senhorio servindo como mordomos piedosos.

O resultado de viver como mordomo de um só Reino é a liberdade. Se tudo em sua vida inteira é colocado sob um só Reino de Deus, e se Ele é o Senhor de tudo em todos os quatro relacionamentos, então você é libertado para ser mordomo dessas coisas. Você não precisa possuí-las. Você não precisa controlá-las. Você só precisa receber esse presente maravilhoso que Deus deu e ser um bom mordomo do que tem. Isso é liberdade!

Por outro lado, assim que começarmos a mudar de mordomos para proprietários, começaremos a experimentar escravidão. Geralmente começa nos arredores de nossas vidas e em lugares convenientes que nos levam de volta a um senso tolo de propriedade. Na maioria das vezes, começa com nossas coisas. Essas coisas podem ser posses, mas também podem ser menos tangíveis, como tempo. Alguns de nós dizem que Deus pode ter tudo o que deseja, desde que Ele nos permita ter controle sobre como gastamos nosso tempo. Todos temos áreas da vida sobre as quais mantemos o controle e bancamos os proprietários. "Bancar" é tudo o que realmente pode ser. Deus é o Proprietário supremo e nunca podemos ser mais do que mordomos, mas com todo o nosso apego e ganância, podemos ser mordomos em escravidão. Quando cremos em nossos corações que realmente possuímos e controlamos qualquer aspecto de nossas vidas, começamos imediatamente a deslizar para a escravidão. É uma coisa incrível. Pense sobre isso em sua própria vida. Quanto mais dinheiro você tiver, mais ansioso por ele você ficará. Quanto mais coisas você possuir, mais tempo gasta cuidando delas, consertando-as, mantendo--as seguras e preocupando-se com elas.

Bancar o proprietário devora sua alma. Quanto mais você bancar o proprietário de um relacionamento com alguém, mais esse relacionamento os separará. É escravidão. E o inimigo sabe disso. Foi por isso que ele disse a Adão e Eva no jardim: "Deus realmente disse que você não pode comer nenhuma dessas frutas ...?" O primeiro pecado foi um ato de apego à propriedade, à capacidade de saber o que é certo e o que é errado e de julgar por si mesmos. Adão e Eva rejeitaram o papel de mordomos em favor de uma oportunidade de assumirem o papel de Deus. O inimigo enganou Adão e Eva dessa maneira e está enganando pessoas da mesma maneira hoje. "Deus realmente disse que você tinha que dar *tudo* a Ele? Que é isso, e o seu tempo de lazer? Você vai sair de férias e elas realmente são *suas*, não é verdade?"

Quando compramos a mentira, começamos a construir nosso próprio reino, feito de coisas que procuramos possuir e controlar. E todo reino precisa de um rei. Se Cristo não é o Senhor, então quem é o rei? Decidimos que somos nós. E assim dividimos a vida nesses dois reinos: o reino daquelas coisas sobre as quais estamos dispostos a deixar que Deus tenha controle e o reino das coisas que tentamos controlar por nós mesmos.

Seu trabalho pode ser uma dessas coisas em seu reino. Se você crê que deve absolutamente ter o seu emprego, que não pode dar-se ao luxo de perdê-lo, que não sabe o que faria se perdesse o emprego, estará bancando o proprietário desse emprego. Quando você tenta controlá-lo, isso o coloca em escravidão.

Se você quer ser livre, então diga a Deus: "Senhor, tens a mim aqui por um tempo; quando terminares, encaminha-me para outro. Eu sei que irás preparar outro lugar para mim. Enquanto isso, viverei em liberdade no meu relacionamento com meu trabalho."

Quando passamos de mordomos para proprietários, passamos de servos do Senhor para senhor de servos. E sacrificamos a liberdade por essa falsa ideia de controle. Vamos comparar duas histórias, lado a lado, para ilustrar esse ponto. O primeiro é de Mateus 19:16-22.

> *E eis que alguém, aproximando-se, lhe perguntou: Mestre, que farei eu de bom, para alcançar a vida eterna? Respondeu-lhe Jesus: Por que me perguntas acerca do que é bom? Bom só existe um. Se queres, porém, entrar na vida, guarda os mandamentos.*
> *E ele lhe perguntou: Quais? Respondeu Jesus: Não matarás, não adulterarás, não furtarás, não dirás falso testemunho; honra a teu pai e a tua mãe e amará o teu próximo como a ti mesmo. Replicou-lhe o jovem: Tudo isso tenho observado; que me falta ainda? Disse-lhe Jesus: Se queres ser perfeito, vai, vende os teus bens, dá aos pobres e terás um tesouro no céu; depois, vem e segue-me. Tendo, porém, o jovem ouvido esta palavra, retirou-se triste, por ser dono de muitas propriedades.*

Veja a passagem desta maneira: esse jovem fez uma pergunta de dois reinos e Jesus deu uma resposta de um Reino. O homem disse, em essência: "Eu ainda quero viver em meus dois reinos, ainda quero ter minha riqueza por aqui, mas também cumprir os requisitos da lei; portanto, dada essa mentalidade de dois reinos, o que devo fazer para herdar a vida eterna?" E Jesus disse: "É simples: basta ter um Reino. Distribua tudo e me siga." E nos é dito que o jovem rico se foi triste, porque não podia sair do trono de seu próprio reino.

Agora olhe para Mateus 13:44. Jesus está falando:

> O reino dos céus é semelhante a um tesouro oculto no campo, o qual certo homem, tendo-o achado, escondeu. E transbordante de alegria, vai, vende tudo o que tem e compra aquele campo.

Que contraste! O jovem rico tinha muito, mas não podia dar a Cristo; então foi embora triste. O outro homem estava tão empolgado em encontrar o Reino de Deus que alegremente vendeu tudo o que tinha no mundo para comprar o grande tesouro escondido em um campo. Essa é a vida de um Reino.

Em João 8:31-36, Jesus fala poderosamente sobre essa liberdade: "Se, pois, o Filho vos libertar, verdadeiramente sereis livres".

Nossa oração por você é que conheça a liberdade como filho de Deus e possa ajudar seus mantenedores a conhecer a mesma liberdade. Se Deus pode usá-lo para ajudar seus mantenedores em sua jornada para a liberdade como discípulos de um Reino, então você serviu o Reino de Deus de uma maneira incrível. Pode não aparecer no gráfico de um relatório, mas aparece no Reino dos céus, e Deus vai abençoar isso.

Dê uma olhada no seu trabalho de levantamento de recursos, em suas técnicas de captação, em seus planos financeiros anuais, em sua principal estratégia para doações e tudo o mais que você faz em sua profissão, e faça a pergunta: "Onde está refletido que estou ajudando nossos mantenedores a se tornarem pessoas de um Reino e a serem libertos para uma reação feliz?" Desafiamos você a fazer essa apresentação para sua diretoria. Diga-lhes que você acredita que esse é o seu chamado e, como resultado, você acredita que Deus abençoará seu trabalho e, por sua vez, seu ministério terá os fundos necessários para cumprir sua missão.

Esse relatório de diretoria pode levar anos, mas até lá, plantamos sementes. Somos semeadores de entendimento nas vidas de nossas organizações. Somos semeadores de práticas corretas baseadas na verdade bíblica. E somos semeadores de um Reino que vivem na vida de nossos colegas de trabalho, nossos mantenedores, nossa família e nossa igreja. Seu trabalho é semear sementes que libertem as pessoas! Isso é muito legal!

Tudo começa com uma olhada no espelho. O que Deus está fazendo em sua vida para libertá-lo da vida de escravidão de dois reinos? Pergunte isso a si mesmo todos os dias. Ore para que Deus lhe mostre onde você está preso a um estilo de vida de dois reinos e ore para ser liberto. Se você é responsável por levantamento de recursos financeiros, precisa de mentores e colegas para caminhar com você. Conheça outras pessoas neste campo. Encontre um relacionamento de mentoria, fale com alguém e orem juntos. Estamos todos na jornada para a liberdade.

Capítulo 3

Concentre-se em cultivar corações que alegremente se tornarão mordomos

Usado adequadamente, o dinheiro pode viabilizar algumas ótimas experiências. Usado inadequadamente, pode ser devastador. Mas o fato é que a verdadeira alegria e felicidade estão ali para serem tomadas, não importa se você tem muito ou pouco dinheiro. O alinhamento adequado do propósito de Deus em sua vida com seus relacionamentos e recursos proporciona a máxima satisfação.[3] ALAN GOTTHARDT

A ideia de nossa resposta voluntária contradiz uma tendência que temos na fé cristã de fazer com que as Boas-novas do evangelho pareçam mais um contrato. Algumas das nossas expressões e ensinamentos parecem algo assim:

Jesus fez sua parte – morreu na cruz e ressuscitou – e assim a parte de Deus no contrato foi cumprida. Agora cabe a nós cumprir nossa obrigação. Ser cristão significa adicionar nosso trabalho ao trabalho de Deus para completar o contrato. Somos chamados a nos arrepender, fazer as orações certas, ir à igreja, mudar nossas vidas e viver por Jesus; tudo como uma obrigação da nossa parte do contrato.

Portanto, vivemos uma vida cristã de maneira contratual, como se devêssemos a Deus dívidas de comportamento que precisamos pagar para cumprir nossa parte do acordo divino. Quantos de nós crescemos sob esse ensinamento?

Há outra resposta, a resposta livre e alegre do filho de Deus. Para ilustrar a diferença, imagine que temos dois envelopes de papel pardo cada um contendo 10.000 dólares. Abordamos duas pessoas, Greg e Donna. Para o Greg, dizemos "Greg, aqui está o combinado. Você pode ter o dinheiro deste envelope, mas isto é o que você deve fazer. Quando o dermos a você, exatamente quando você o receber, levante-se, vire-se, coloque as mãos no ar e grite 'Aleluia!' Agora, você deve levantar-se exatamente na hora certa, virar-se da maneira certa, gritar no tom certo e alto o suficiente para que todos possam ouvi-lo. Se você fizer exatamente como lhe dissemos, poderá ficar com o dinheiro". Depois pegamos o outro envelope pardo e o entregamos a

Donna e dizemos: "Donna, aqui estão 10.000 dólares; são seus, sem condições. Aproveite."

Considere o que acontece a seguir. Greg se levanta e, exatamente no momento certo, se vira da maneira em que foi instruído, levanta as mãos para o ar e grita "Aleluia!", tal como foi instruído. E o que Donna faz? Ela se levanta, se vira, levanta as mãos para o ar e grita "Aleluia!". Ambos deram a mesma resposta, mas tinham motivações totalmente diferentes. Greg estava cumprindo uma obrigação para obter uma recompensa. Donna ficou tão impressionada com um presente imerecido e extravagante que tudo o que ela pôde fazer foi responder com gratidão e alegria. Achamos que Jesus quer que vivamos nossa vida como Donna. Quando aprendemos o que Cristo fez por nós, respondemos pulando no ar e gritando "Aleluia!". Essa é uma resposta de liberdade e alegria.

Leia Paulo exortando os coríntios (2 CORÍNTIOS 8:1-7) a uma resposta livre e alegre:

> *Também, irmãos, vos fazemos conhecer a graça de Deus concedida às igrejas da Macedônia; porque, no meio de muita prova de tribulação, manifestaram abundância de alegria, e a profunda pobreza deles superabundou em grande riqueza da sua generosidade. Porque eles, testemunho eu, na medida de suas posses e mesmo acima delas, se mostraram voluntários, pedindo-nos com muitos rogos, a graça de participarem da assistência aos santos. E não somente fizeram como nós esperávamos, mas também deram-se a si mesmos primeiro ao Senhor, depois a nós, pela vontade de Deus, o que nos levou a recomendar a Tito que, como*

começou, assim também complete esta graça entre vós. Como, porém, em tudo, manifestais superabundância, tanto na fé e na palavra, como no saber e em todo cuidado, e em nosso amor para convosco, assim também abundeis nesta graça.

Você escutou o pedido para uma resposta alegre dos macedônios? Dando-se primeiro ao Senhor; compartilhando além do que lhes foi pedido; sua enorme alegria, brotando dentro deles, levou-os a participar desta coleta.

Parte de nossa jornada é cultivar corações que darão uma resposta livre e alegre ao nosso chamado para serem mordomos piedosos, em vez de uma sensação de obrigação legal. Exige que plantemos boas sementes na vida de nossos mantenedores. E isso começa conosco. Mais uma vez, não podemos semear o que não temos. Nossos sacos de sementes devem estar cheios. Então, que tipo de resposta melhor tipifica nossa própria atitude de dar? Você é um doador alegre? Você dá com profunda gratidão e alegria no coração? Você mal pode esperar para responder ao que Deus fez em sua vida?

E então, em suas práticas de captação de recursos, qual das duas você está incentivando? Usamos culpa, obrigação ou promessa de bênção pela generosidade ou outros incentivos contratuais? Ou proclamamos a incrível graça e abundância de Deus e incentivamos as pessoas a reagir quando Jesus nos convida a responder quando Ele diz: "Deus ama quem dá com alegria de coração"?

Como seu trabalho seria afetado se você acreditasse que Deus usa sua vocação, seu chamado, para ajudar seus mantenedores em sua jornada para se tornarem mordomos mais piedosos? Como seu trabalho diário seria afetado se seu único objetivo fosse ajudar seus mantenedores a conhecer a alegria da resposta livre e feliz deles para generosas doações à obra de Deus?

Capítulo 4

Cresça como semeador

> *Como todas as coisas são santificadas para nós, mas separadas e dedicadas a Deus? Não são elas todos os Seus talentos, e devem ser empregados em Seu serviço? Cada cristão não deve primeiro perguntar de que maneira mais posso honrar a Deus com minha riqueza?*[4]
>
> RICHARD BAXTER (1615-1691)

Se você é responsável por levantar recursos para a obra de Deus, você é um semeador. Sua semente é seu trabalho de cultivar corações para serem ricos para com Deus. E seu saco de sementes está cheio apenas se você começa primeiro com seu próprio coração. Se você é livre como mordomo de um Reino e sua vida é uma resposta alegre à graça de Deus, você pode realizar seu trabalho de levantamento de recursos de uma maneira que liberte as pessoas para sua própria resposta de alegria. Este trabalho é intensamente pessoal; começa conosco e depois nos permite ser instrumentos nas mãos de Deus para provocar transformação na vida das pessoas a quem ministramos.

Aqui estão cinco disciplinas espirituais para você praticar enquanto continua em sua jornada para se tornar um semeador no Reino de Deus.

1. Comece cada manhã com um compromisso consciente de passar seu dia com a mentalidade de um semeador.
- Ore para que entrem em sua vida pessoas que precisam que boas sementes sejam semeadas em suas vidas.

- Ore por discernimento para vê-las, ouvi-las, reconhecê-las e ter capacidade de semear em suas vidas exatamente o que elas precisam.

- Termine cada dia com uma oração de agradecimento enquanto diz o nome das pessoas nas quais você foi capaz de semear boas sementes.

2. Comece cada manhã abrindo-se à correção do Espírito de Deus para que Ele o ajude ver em si mesmo os lugares onde mais precisa crescer como mordomo piedoso.
- Ore por abertura para ver suas próprias atitudes para construir o Reino.

- Peça perdão onde você bancou o senhor sobre seu próprio reino.

- Volte a submeter tudo o que você tem e tudo o que você é a Cristo e a Seu senhorio absoluto para sua vida.

3. Comece cada manhã pedindo a Deus para encher seu saco de sementes.

- Ore por sabedoria divina em todas as decisões que você tomar.

- Ore por discernimento para que você possa ouvir a voz de Deus e conhecer a Sua liderança enquanto caminha ao longo de seu dia.

- Ore por um profundo senso do amor e da graça de Deus, para que você possa realmente ser o obreiro de Deus semeando vida, esperança e alegria na vida de seus colegas, companheiros de trabalho, mantenedores, amigos e familiares.

4. No trabalho, inicie todos os dias orando com sua equipe (ou colegas de confiança).

- Ore fervorosamente por seus mantenedores e parceiros, para que Deus use você e sua organização para ajudar a desenvolver corações ricos para com Deus.

- Ore por motivos puros e atitudes corretas enquanto planeja e interage com cada mantenedor.

- Ore por oportunidades para compartilhar seu ministério e seus objetivos com pessoas que tenham uma paixão semelhante.

- Ore com fé por abundantes bênçãos de Deus em seu trabalho.

5. Comemore cada ato de doação e regozije-se com ele.

- Peça a Deus para ajudá-lo a cultivar um coração que busque o apoio para a obra de Deus por meio da resposta generosa e alegre do povo de Deus.

- Comemore onde quer que seja e sempre que ocorrer.

- Lute por uma cultura de alegria e celebração em seu trabalho de levantamento de recursos ao ver Deus "dar o crescimento" no seu trabalho diário de semear.

Um planta, outro rega, mas Deus – e somente Deus – dá o crescimento. Que possamos dedicar nossas vidas a semear boas sementes na vida de todos que nos rodeiam, e confiar em Deus para abençoar esse trabalho cem vezes mais. A Deus seja a glória!

Parte 2

As estações de trabalho do semeador

GARY G. HOAG

Agora que você tem um contexto bíblico da captação de recursos para ajudá-lo a entender seu chamado como semeador, esta próxima parte pretende fornecer uma aplicação prática, para que você possa tocar a vida de outras pessoas pela aplicação dessas verdades em sua vida e trabalho.

Se, na leitura até agora, você passou da escravidão a dois reinos para a liberdade de um só Reino, esta seção mostrará como tornar outras pessoas livres. Se você é um Diretor Executivo, um líder cristão ou simplesmente um mordomo fiel, e deseja desencadear níveis radicais de doação enraizados na gratidão, continue lendo para obter orientação de como ajudar os outros a crescerem na graça de doar.

Em última análise, este é um manual espiritual e estratégico para levantar mais que dinheiro. Dito de outra forma, redefine o levantamento de recursos do Reino como o levantamento de mordomos para serem ricos para com Deus.

A ideia de ser um mordomo *rico para com Deus* vem de Lucas 12:13-21.

> *Nesse ponto, um homem que estava no meio da multidão lhe falou: Mestre, ordena a meu irmão que reparta comigo a herança. Mas Jesus lhe respondeu: Homem, quem me constituiu juiz ou partidor entre vós? Então, lhes recomendou: Tende cuidado e guardai-vos de toda e qualquer avareza; porque a vida de um homem não consiste na abundância dos bens que ele possui. E lhes proferiu ainda uma parábola, dizendo: O campo de um homem rico produziu com abundância.*

> E arrazoava consigo mesmo, dizendo: Que farei, pois
> não tenho onde recolher os meus frutos? E disse: Farei
> isto: destruirei os meus celeiros, reconstrui-los-ei maiores
> e aí recolherei todo o meu produto e todos os meus bens.
> Então direi à minha alma: tens em depósito muitos bens
> para muitos anos; descansa, come, bebe e regala-te. Mas
> Deus lhe disse: Louco, esta noite te pedirão a tua alma;
> e o que tens preparado, para quem será? Assim é o que
> entesoura para si mesmo e não é rico para com Deus.

Jesus queria que as pessoas entendessem que guardar tesouros na terra é o oposto de ser *rico para com Deus*. Então, o que as pessoas devem fazer quando têm uma colheita abundante? O que as pessoas devem fazer com seus tesouros? Jesus responde a essa pergunta em Mateus 6:19-21.

> Não acumuleis para vós outros tesouros sobre a terra,
> onde a traça e a ferrugem corroem e onde ladrões
> escavam e roubam; mas ajuntai para vós outros tesouros
> no céu, onde traça nem ferrugem corrói, e onde ladrões
> não escavam, nem roubam; porque onde está o teu
> tesouro, aí estará também o teu coração.

Jesus quer que as pessoas guardem seus tesouros no Céu por meio de dádivas generosas para os propósitos do Reino – começando com o apoio à igreja local e estendendo-se aos ministérios da sua região e ao redor do mundo. Isso fará com que seja cumprida a *Grande Comissão*, compartilhando o Evangelho da salvação eterna, e você também cumprirá o *Grande Mandamento* de amar o Senhor seu Deus com todo seu coração, alma, mente e força (que inclui todos os seus recursos) e amar o próximo como a você mesmo. Assim, sua doação se expande da igreja local a vários ministérios regionais e nacionais para servir o necessitado em qualquer lugar do mundo.

Paulo ecoa os ensinamentos de Jesus em 1 Timóteo 6:17-19. Paulo formula para Timóteo uma mensagem para os ricos cristãos de Éfeso.

> *Exorta aos ricos do presente século que não sejam orgulhosos, nem depositem a sua esperança na instabilidade da riqueza, mas em Deus, que tudo nos proporciona ricamente para nosso aprazimento; que pratiquem o bem, sejam ricos de boas obras, generosos em dar e prontos a repartir; que acumulem para si mesmos tesouros, sólido fundamento para o futuro, a fim de se apoderarem da verdadeira vida.*

Paulo queria que Timóteo dissesse aos ricos que se tornassem doadores regulares, que abrissem mão de seus bens. Esses mordomos guardarão tesouros para o futuro e já agora compreendem a vida que é verdadeiramente vida. Em vez de confiar na riqueza incerta, que tenta seu possuidor a confiar nela, o doador toma posse de Deus como o único fundamento certo para a vida, impulsionando assim os propósitos do Reino de Deus.

Visto que o chamado do semeador é para ser um mordomo rico para com Deus, o trabalho do semeador é levantar tais mordomos. Em vez de procurar ofertas para os ministérios aos quais serve, o semeador ajuda os que têm riqueza financeira a se tornarem doadores que entendem essas verdades bíblicas. Vejamos este conselho prático na forma de um almanaque.

Um almanaque é uma publicação agrícola baseada no calendário e nas estações de semeadura. Contém fatos sobre o universo ordenado e a sabedoria coletiva de gerações de agricultores para ajudar outros a serem tão produtivos quanto possível.

Se você pegar o almanaque de qualquer agricultor, notará duas características. Primeiro, o *entendimento preciso* do universo ordenado é impressionante. Para qualquer dia do ano, o almanaque pode dizer a você exatamente a que horas o sol irá nascer e se pôr. Pode esboçar a posição das estrelas no céu. Pode falar sobre a condição das marés ou da lua em seu ciclo. O almanaque também contém conselhos para a estação na forma de respostas a perguntas reais. No inverno, o que um agricultor deve fazer para preparar o solo para a semeadura e quando? Na primavera, quando um agricultor deve semear? O que um agricultor deve fazer para cultivar e regar a colheita com base na projeção de chuvas de verão para a região? Quando o agricultor deve fazer a colheita? O almanaque ajuda a prevenir que um agricultor cometa erros dispendiosos.

Há também fórmulas específicas omitidas em um almanaque. Em nenhum lugar existe um conjunto de etapas que garantem o sucesso dos semeadores. Por quê? Os agricultores se apoiam na sabedoria das gerações e em sua própria experiência, e depois começam a trabalhar, confiando em Deus para dar o crescimento. Não existe uma fórmula mágica que garanta resultados.

Adaptando o formato do almanaque ao ministério de captar recursos para o Reino, o semeador – ou agricultor – é o cristão que está lendo este livro e as sementes são os princípios bíblicos de mordomia encontrados na Palavra de Deus. Deus, é claro, é Aquele que faz a semente crescer, é Aquele que trabalha no coração dos doadores para ajudá-los a se tornarem mais generosos. Os campos são as vidas que tocamos; e o conselho para as estações é a sabedoria coletiva dos semeadores do passado, que entendem como levantar efetivamente os recursos para o Reino.

As estações de trabalho dos semeadores

Vamos agora focar nas *estações de trabalho* para ajudar os semeadores a serem tão produtivos quanto possível – sem prometer resultados que somente Deus pode oferecer. Essa sabedoria coletiva de semeadores experientes será apresentada em quatro seções para as quatro estações: inverno, primavera, verão e outono. E mesmo que haja doze meses no ano, cada estação oferecerá três seções de conselhos (veja o Apêndice A – Resumo do almanaque em uma visão geral).

O inverno é um tempo de preparação: tanto o semeador como o solo devem ser preparados antes de se colocar as sementes. Nesta estação, lançaremos um novo olhar sobre o papel do semeador, veremos como encher sacos de sementes e o que fazer para preparar o solo. Na linguagem de levantamento de recursos, o trabalho de inverno do líder é entender o papel de um mordomo cultivador, em vez de um mero captador de fundos.

A primavera é a estação para semear princípios bíblicos. Semear semente espiritual requer habilidade; também requer fé de que Deus fará a vida desabrochar. Os semeadores enfrentam obstáculos que atrapalham o crescimento de mordomos e precisam entender essas armadilhas para terem um plantio produtivo.

O verão é a estação para o crescimento espiritual. Orientações específicas nesta seção ajudam a entender onde as pessoas estão na jornada da mordomia, para que você possa nutrir o crescimento delas. O trabalho espiritual não apenas requer atenção específica ao que está ocorrendo nos campos, mas também exige uma comunidade de obreiros. Um semeador pode lançar incontáveis sementes em vários campos, mas nutrir as muitas almas requer assistência. Esta seção apresenta ideias práticas para reunir obreiros para atuar com você no ministério de incentivar a generosidade cristã.

O outono é o tempo da colheita. Para esta estação oferecemos ideias para colher de maneira a tornar a colheita mais frutífera, incluindo o tamanho da colheita, tendências da colheita e comemoração com ação de graças. Um almanaque dirá a você que nem todas as colheitas estão diretamente ligadas ao trabalho e aos cuidados dos semeadores; algumas vezes prevalecem as estações de abundância ou as colheitas fracassam. O foco estará em como os semeadores podem maximizar a abundância nos campos onde Deus os colocou, independentemente das circunstâncias. Em termos práticos de ministério, esta seção demonstra que você colhe o que planta. Se você semear princípios de mordomia bíblica na vida das pessoas, elas se tornarão mais generosas.

Qualquer preparação para lançar a semente espiritual deve começar com a mensagem da parábola dos tipos de solos, encontrada em Marcos 4:1-8. Considere as palavras de Jesus nesta parábola como o prefácio do almanaque.

Voltou Jesus a ensina à beira-mar. E reuniu-se numerosa multidão a ele, de modo que entrou num barco, onde se

*assentou, afastando-se da praia. E todo o povo estava
à beira-mar, na praia. Assim, lhes ensinava muitas
coisas por parábolas, no decorrer do seu doutrinamento.
Ouvi: Eis que saiu o semeador a semear. E, ao semear,
uma parte caiu à beira do caminho, e vieram as aves e
a comeram. Outra caiu em solo rochoso, onde a terra
era pouca, e logo nasceu, visto não ser profunda a terra.
Saindo, porém, o sol, a queimou; e, porque não tinha
raiz, secou-se. Outra parte caiu entre os espinhos; e
os espinhos cresceram e a sufocaram, e não deu fruto.
Outra, enfim, caiu em boa terra e deu fruto, que vingou
e cresceu, produzindo a trinta, a sessenta e a cem
por um.*

Então Marcos registra a explicação de Jesus sobre essa parábola nos versículos 14-20.

*O semeador semeia a palavra. São estes os da beira
do caminho, onde a palavra é semeada; e enquanto
a ouvem, logo vem Satanás e tira a palavra semeada
neles. Semelhantemente, são estes os semeados em solo
rochoso, os quais, ouvindo a palavra, logo a recebem
com alegria. Mas eles não têm raiz em si mesmos,
sendo, antes, de pouca duração; em lhes chegando a
angústia ou a perseguição por causa da palavra, logo se
escandalizam. Os outros, os semeados entre os espinhos,
são os que ouvem a palavra, mas os cuidados do
mundo, a fascinação da riqueza e as demais ambições,
concorrendo, sufocam a palavra, ficando ela infrutífera.
Os que foram semeados em boa terra são aqueles que
ouvem a palavra e a recebem, frutificando a trinta, a
sessenta e a cem por um.*

Essa parábola nos ensina muitas lições espirituais quando nos preparamos para examinar o trabalho do semeador. A semente é a mesma para todos: é a Palavra de Deus. O papel do semeador é semear em todo lugar. Em diferentes ambientes, fatores ajudam ou dificultam a fecundidade da semente; solo fértil acolhe as sementes, enquanto pássaros, rochas e ervas daninhas limitam ou impedem o crescimento. Solos diferentes produzem colheitas de tamanhos variados. Algumas plantas murcham e morrem. Outras brotam, mas não produzem frutos, e algumas produzem uma colheita a trinta, sessenta e cem por um.

A conclusão desta parábola – o tamanho da colheita – pode ser a lição mais importante de todas para inspirar você a se tornar um semeador. Se uma boa colheita é igual ou superior a uma colheita de trinta por um, a parábola de Jesus oferece não apenas boas notícias, mas também a melhor notícia já contada: semeie a Palavra de Deus na vida das pessoas e ela pode produzir uma boa colheita, o dobro de uma boa colheita ou uma colheita além da imaginação.

No espírito desta parábola, encheremos nossos sacos de sementes com princípios de mordomia da Palavra de Deus, semearemos abundantemente, sabendo que algumas sementes não produzirão frutos no coração daqueles que as recebem, algumas produzirão uma boa colheita, algumas uma grande colheita e, algumas, uma inimaginável colheita. Assim, redefiniremos o trabalho de captação de recursos como "o ministério transformacional de levantamento de recursos para o Reino".

Capítulo 5

A estação da preparação – Inverno

É natural sentir medo e insegurança quando se é confrontado com as exigências radicais do compromisso cristão. Mas envolto nas verdades vívidas do amor ardente de Deus, a insegurança é tragada pela solidez do ágape, e a angústia e o medo dão lugar à esperança e ao desejo. O cristão percebe que o apelo de Deus para a generosidade ilimitada de Seu povo foi precedido por um amor ilimitado de Seu lado, um amor tão intenso por uma resposta que Ele nos capacitou a responder através do dom de Seu próprio Espírito Santo.[5] BRENNAN MANNING

O chamado de Deus para cada um de nós viver uma vida de generosidade ilimitada está enraizado em Seu amor e cuidado ilimitados por nós e em Sua provisão do Espírito Santo para nos dar poder! Todo semeador deve entender isso no inverno, antes de ajudar outros a entenderem isso na primavera e no verão. O inverno é a estação da preparação tanto para você, semeador, como para seu público, o solo. Existem três ações de aconselhamento da estação no inverno: entenda seu papel como semeador, encha seus sacos de sementes e prepare os campos para a semeadura.

RESUMO DA ESTAÇÃO: O TRABALHO DO SEMEADOR NO INVERNO	
Levantamento secular de recursos	Levantamento bíblico de mordomos
1. Os líderes consideram que seu papel é ser *captador de recursos* para a organização.	1. Os líderes entendem que seu papel é semear princípios bíblicos de mordomia; Deus é o *Captador de Recursos*.
2. Os líderes elaboram estratégias para as pessoas fazerem doações para sua organização.	2. Os líderes reúnem verdades bíblicas que encorajam as pessoas a se tornarem doadores que são ricos para com Deus.
3. Os líderes fazem tudo o que funcione para levar as pessoas a doarem generosamente.	3. Os líderes vivenciam a generosidade e oram para que Deus ajude as pessoas a crescerem espiritualmente na graça de doar.
Figura 1 — A primeira estação: preparação	

1. *Entenda seu papel como semeador*
Qualquer que seja sua posição, como seguidor de Jesus seu principal papel é semear a semente. Esse trabalho é o de

semear; não é semear e fazer as coisas crescerem. Caímos na armadilha de acreditar que podemos fazer nossos contribuintes doarem sacrificialmente, que podemos convencer nossa congregação a ser mais generosa ou que podemos fazer com que nossos filhos se tornem doadores. A verdade é que todos esses resultados estão fora de nosso controle e repousam unicamente nas mãos de Deus. Então, qual é o nosso papel? Nosso trabalho é lançar sementes no coração das pessoas e confiar em Deus para fazê-las crescer em suas vidas.

No mundo secular, bem como na comunidade cristã, as pessoas assumem que é trabalho do líder ser o captador de recursos. Portanto, se você é um líder e aborda a questão de doar, comece a conversa com o pé direito, deixando esse ponto muito claro. Expresse que Deus é o Captador de Recursos; é Ele quem trabalha no coração das pessoas para levá-las a participar de Seu trabalho por meio da doação. Caso contrário, vão pensar que você se vê como um captador de recursos. Além disso, comunique com ousadia que seu papel é levantar doadores para o Reino de Deus por meio da semeadura de princípios de mordomia bíblica na vida das pessoas.

Ao adotar essa abordagem, você deixa os resultados da captação de recursos para Deus; a pressão está fora de você e do doador. Sua interação ajuda outros a crescerem na graça de dar, porque você demonstra que se importa mais com a condição espiritual deles do que se farão ou não uma oferta para seu ministério. Seu papel é instá-los a traçar um caminho para serem ricos para com Deus. Além disso, você está encorajando a doação deles para qualquer ministério que Deus os leve a apoiar, não apenas ao ministério que você serve.

Você está ali para incentivar mordomos a se envolverem nos negócios do Rei.

Jeavons e Basinger ecoam essa perspectiva em *Growing Givers Hearts: Treating Fundraising as Ministry*. Eles declaram que o papel supremo do líder cristão é "fazer com que o processo de levantamento de recursos alimente e facilite o crescimento da fé nos doadores".[6]

Considere a seguinte história verídica. Quando um candidato foi entrevistado para um cargo de diretor de levantamento de recursos em uma organização cristã, o presidente lhe informou que sua principal responsabilidade seria arrecadar US$ 1,2 milhão por ano para o fundo operacional anual. Cordialmente, o candidato respondeu que não poderia aceitar o trabalho com esse entendimento, pois via Deus com o papel de Captador de Recursos e seu próprio papel como o de encorajar pessoas a participarem da obra de Deus de muitas maneiras, uma das quais seria por meio de doações.

O presidente mencionou os destaques bem-sucedidos em levantamento de fundos do seu currículo. O candidato replicou que esses resultados decorreram do compartilhamento fiel com as pessoas do que Deus estava fazendo e desafiando-as a participar com suas orações, ofertas e serviço voluntário. O presidente pareceu aliviado, finalmente entendendo o que era e o que não era da responsabilidade principal do chefe de captação de recursos. Isso o liberou para repensar seu próprio papel em convidar as pessoas a participarem do trabalho do ministério e como ele administraria esse novo membro da equipe. Daquele ponto em diante, ambos estavam livres para assumir o verdadeiro trabalho – levantar doadores que querem envolver-se generosamente com Deus em Sua obra.

Antes de encorajar doações generosas, o líder cristão, o pastor e os pais devem entender seus papéis no processo, que não é fazer as coisas crescerem, mas sim semear abundantemente. Para ajudar os mordomos a se tornarem ricos para com Deus, você deve fazer mais do que compartilhar as necessidades financeiras do ministério; você deve fornecer uma razão para o envolvimento deles. Você deve semear esses conceitos em seus corações.

Neste momento, faça um inventário de sua própria vida. Se você é chamado para ajudar as pessoas a crescerem como mordomos, tenha certeza de que Deus deseja que você também cresça mais profundamente nessa área. Se você não estiver interessado em fazer essa jornada espiritual, por favor, considere um papel diferente desse de líder cristão, agente de mordomia ou pastor. Por quê? Nesse papel, você está em posição de ter um impacto incalculável para o Reino; portanto, se você não estiver interessado em semear, por favor, entregue o saco de sementes a outra pessoa.

Se você quer prosseguir, mas ainda luta com o pensamento de que é seu trabalho garantir transações, volte para a primeira parte deste livro e leia as seções que você destacou; sua caneta pode muito bem ter sido guiada pelo Espírito Santo. No inverno, você deve lembrar qual é o seu papel e qual não é, e abraçá-lo; você encontrará a si mesmo caminhando na liberdade de um só Reino.

Resumo: O papel do semeador é semear o máximo possível de sementes e confiar em Deus para fazê-las germinar.

2. Encha seus sacos de sementes

Para semear em abundância, você precisa de muitas sementes. Para semear princípios de mordomia bíblica em sua vida, na vida de seus filhos, na das pessoas que frequentam sua igreja ou no coração daqueles que se associam a você, você deve reunir o máximo de sementes possível. Você não pode compartilhar com os outros o que você mesmo não dedicou tempo para compreender.

A semente representa os princípios de mordomia encontrados no suprimento ilimitado da Palavra de Deus.[7] Um novo recurso que destaca esses princípios é a *NIV Stewardship Study Bible*, publicada por Zondervan.[8] Ela contém um índice de milhares de versículos relacionados à administração de dinheiro e de bens, perfis de mordomos fiéis, desafios de mordomia e planos de leitura para meditação e contemplação. É o primeiro recurso desse tipo que destaca princípios de mordomia de Gênesis a Apocalipse. Nele você lerá a Palavra de Deus de outra maneira. Tenha seu saco de sementes por perto e faça uma lista de versículos para compartilhar com aqueles a quem você serve. Realizar este exercício o transformará e o preparará para servir como agente de transformação.

Henri J. M. Nouwen explica que esse processo de transformação é necessário antes que alguém possa falar sobre dinheiro. "Aqueles de nós que pedem dinheiro precisam olhar cuidadosamente para si mesmos. A questão não é como conseguir dinheiro. Antes, a questão é sobre o nosso relacionamento com o dinheiro. Nunca poderemos pedir dinheiro se não soubermos como nos relacionamos com o dinheiro."[9]

Alguns alunos em meu curso *Administração e Desenvolvimento de Recursos*, do seminário, disseram que queriam aprender a pregar sobre dinheiro ou levantar dinheiro para seus ministérios. Desde o início, porém, o foco da aula era conduzir os alunos por meio das Escrituras, para que os princípios bíblicos de mordomia transformassem sua compreensão da vida, como mordomos em Seu Reino.

Em algum momento do curso, a maioria dos alunos testemunha ter experimentado o que Lutero descreveu como a conversão da bolsa: a mudança de ser um servo do dinheiro para ser um servo de Deus.

Você é um servo do dinheiro, também conhecido como Mamom, ou é um servo de Deus? Como você sabe? Se você não tiver vontade de deixar tudo o que tem para seguir a Deus, então você é escravo de Mamom.

Como foi mencionado anteriormente neste livro, considere o caso do jovem rico em Lucas 18:18-23. Jesus o encorajou a trocar seus bens terrenos por tesouros celestiais. Em vez de possuir seus bens, seus bens claramente o possuíam.

> *Certo homem de posição perguntou-lhe: Bom Mestre, que farei para herdar a vida eterna? Respondeu-lhe Jesus: Por que me chamas bom? Ninguém é bom, senão um, que é Deus. Sabes os mandamentos: Não adulterarás, não matarás, não furtarás, não dirás falso testemunho, honra teu pai e a tua mãe. Replicou ele: Tudo isso tenho observado desde a minha juventude. Ouvindo-o Jesus, disse-lhe: Uma coisa ainda te falta: vende tudo o que tens, dá-o aos pobres e terás*

> *um tesouro nos céus; depois, vem e segue-me. Mas, ouvindo ele estas palavras, ficou muito triste, porque era riquíssimo.*

Por outro lado, alguns dos primeiros discípulos, pescadores, demonstraram disposição para abandonar tudo ao deixarem suas redes, quando convidados a seguir Jesus em Mateus 4:18-22.

> *Caminhando junto ao mar da Galileia, viu dois irmãos, Simão, chamado Pedro, e André, que lançavam a rede ao mar, porque eram pescadores. E disse-lhes: Vinde após mim, e eu vos farei pescadores de homens. Então, eles deixaram imediatamente as redes e o seguiram. Passando adiante, viu outros dois irmãos, Tiago, filho de Zebedeu, e João, seu irmão, que estavam no barco em companhia de seu pai, consertando as redes: e chamou-os. Então, eles, no mesmo instante, deixando o barco e seu pai, o seguiram.*

Você precisa deixar algo para trás para seguir a Jesus?

Nouwen ecoa essa perspectiva, dizendo: "Se nossa segurança está totalmente em Deus, somos livres para pedir dinheiro. Somente quando estamos livres do dinheiro, podemos pedir livremente a outros que o doem."[10] A única maneira de se tornar livre de servir ao dinheiro é abandoná-lo para alcançar a Deus. Então você estará em posição de servir livremente a Deus e chamar outras pessoas a usarem o dinheiro, conforme Deus concebeu.

No inverno, seu trabalho é mergulhar nos princípios bíblicos que lembram a você a infinita provisão de Deus para o Seu povo, desde fornecer o maná no deserto do Antigo Testamento até nos chamar a depender dele para o nosso pão diário na Oração do Senhor, no Novo Testamento. Você deve estar completamente mergulhado nesses conceitos para que fluam de sua língua mais tarde.

Resumo: Para ser um semeador de princípios bíblicos, você deve encher sua bolsa de sementes. O único lugar para encontrar esse tipo de sementes é na Bíblia; lá pode ser encontrado um suprimento infinito de sementes para semear abundantemente.

3. Prepare-se para o plantio

Seus sacos de sementes estão cheios e você entende seu papel. E agora? Todo agricultor sabe que antes de semear, o solo deve ser cultivado, e isso é um trabalho árduo. Cavar sulcos exige trabalho e suor. Amolecer o solo duro significa várias passadas com o arado. Geralmente a janela de tempo em que o solo pode ser trabalhado é curto, então você deve traçar um plano para os campos ficarem prontos.

Como semeador de semente espiritual, você deve identificar intencionalmente onde plantar princípios de mordomia. Onde plantar é a parte que você pode controlar. Então, como você prepara o solo? Compartilhe a palavra, vivencie a generosidade cristã e ore para que outros o sigam.

Vivenciar a generosidade cristã é um modo de vida, descrito aqui por Lauren Tyler Wright como uma jornada ao longo de toda a vida.

> Não podemos simplesmente "alcançar" um estilo de vida de generosidade, colher os benefícios e

marcá-lo como concluído em nossa lista. Em vez disso, aprendemos a prática da generosidade enquanto caminhamos em nossa jornada de fé, passo a passo, encontrando alegria e realização em cada segmento, e sempre buscando crescer por meio de várias práticas espirituais. Esta é uma ótima notícia, pois significa que não precisamos "dominar" a prática antes de experimentar suas recompensas.[11]

A maneira mais profunda de convidar outros para o acompanhar é percorrer o caminho primeiro, e você pode começar hoje. Nessa nota, Wright acrescenta este pensamento:

> Como o objetivo é criar um estilo de vida, você precisa começar em algum lugar. Não tenha medo de começar pequeno. A intencionalidade e a regularidade do ato são o mais importante, não o tamanho da oferta. Pense nisso como um mosaico de pequenas práticas que, antes que você perceba, dão sentido a um estilo de vida.[12]

Viva e dê generosamente se você quer que outros o sigam. As pessoas vão ouvi-lo porque veem o modelo em sua vida.

A outra coisa que você pode fazer para preparar os solos para receberem a verdade é orar por eles. Ore especificamente, pedindo a Deus para fazer o que você não pode, afofar a terra dura do coração das pessoas. Peça a Deus que abra os olhos deles para que vejam Sua abundância em um mundo de recursos aparentemente escassos. Peça a Deus que abra seus ouvidos para ouvir que Ele sabe mais sobre as necessidades deles do que eles próprios e deseja que confiem em Sua provisão, quando a maioria das pessoas procura assegurar seu próprio futuro. Peça a Deus que ajude as pessoas a evitarem acumular tesouros suscetíveis a variações de mercado e, em vez disso, os troque por tesouros celestiais, que nunca perderão valor. Ore para que pessoas estejam dispostas a pensar sobre dinheiro de modo diferente do que o mundo as condicionou a pensar.

Antes que você possa semear, você deve entender seu papel, encher seu saco de sementes e preparar o solo, sendo modelo de generosidade cristã e orando para que outros sigam o seu exemplo. Faça isso e você estará preparado para a primavera, a estação da semeadura.

Resumo: Vivencie a generosidade cristã em sua vida e ore para que Deus ajude as pessoas a entenderem os princípios de mordomia que mudam a vida.

Capítulo 6

A estação da semeadura – Primavera

Deus, como proprietário de tudo, também muda o tipo de pergunta que fazemos ao doar. Em vez de "Quanto do meu dinheiro devo dar a Deus?", aprendemos a perguntar "Quanto do dinheiro de Deus devo guardar para mim?" A diferença entre essas duas perguntas é de proporções monumentais.[13] RICHARD FOSTER

Princípios bíblicos mudam tudo – as perguntas que fazemos, como abordamos a vida. E quando se trata de dinheiro, eles mudam nossos valores literalmente, virando-os de cabeça para baixo! O pensamento transformacional vai muito além do dinheiro também, quando percebemos que a mordomia se estende ao uso de nossos dons espirituais, habilidades e tudo o mais sob nossa administração.

À medida que você cresce nesse aspecto, você quer que sua família, igreja e membros de ministério também cresçam! A melhor maneira de ajudá-los a crescer é plantar princípios de mordomia em suas vidas.

A seção da primavera deste almanaque espiritual mostra como traçar um plano para plantar esse tipo de semente na vida das pessoas. Também descreve os perigos que você enfrenta no campo, bem como dicas para incentivar o crescimento das mudas.

RESUMO DA ESTAÇÃO: O TRABALHO DO SEMEADOR NA PRIMAVERA	
Levantamento secular de recursos	Levantamento bíblico de mordomos
1. Os líderes buscam transações: ofertas para cumprir os propósitos de suas organizações, a partir de doadores que têm recursos financeiros.	1. Os líderes buscam transformação: ajudar outros a usarem os dons espirituais e materiais confiados a eles para realizar a obra de Deus.
2. Os líderes reforçam o pensamento mundano por meio de estratégias, como o reconhecimento público de doadores, que podem funcionar culturalmente, mas ser biblicamente inconsistentes.	2. Os líderes ajudam pessoas a discernirem entre o pensamento mundano e o pensamento piedoso, sendo modelo dos princípios bíblicos de mordomia.
3. "Tudo depende de relacionamentos!" O objetivo dos líderes é construir relacionamentos com pessoas que resultem em muitas ofertas por muitos anos.	3. "Tudo depende do mais importante relacionamento!" O objetivo dos líderes é aproximar mais as pessoas de Deus. Como resultado, elas ficarão mais generosamente envolvidas com a obra de Deus.

Figura 2 — A segunda estação: espalhando a semente

1. *Plantando a semente primeiramente em si mesmos*
Se você serve como líder de ministério, sabe que seu papel é discernir a visão de Deus para o ministério que você serve

e confiar que Ele proverá para realizar essa visão. Isso só acontece através da fé, mas você tem um trabalho bem definido a fazer. Você convida mordomos para acompanhá-lo a fazer o trabalho que Deus estabeleceu. A participação deles é mais do que financeira; é também por meio da oração e envolvimento pessoal.

Este ponto é bem ilustrado na campanha do tabernáculo em Êxodo 25-36. Em Êxodo 25:1-2, o texto descreve claramente o trabalho que Moisés deve empreender. "Disse o Senhor a Moisés: Fala aos filhos de Israel que me tragam oferta; de todo homem cujo coração o mover para isso, dele recebereis a minha oferta." Então Moisés foi instruído a pedir uma oferta ao povo e a receber o que Deus moveu as pessoas a darem de boa vontade.

A Moisés foi dito não apenas que pedisse às pessoas para fazerem contribuições financeiras, mas também que as instasse a usar suas habilidades para realizar o trabalho, como diz Êxodo 28:3. "Falarás também a todos os homens hábeis a quem enchi do espírito de sabedoria, que façam vestes para Arão para consagrá-lo, para que me ministre o ofício sacerdotal."

Durante o esforço da campanha, as pessoas esqueceram os caminhos de Deus e foram disciplinadas, e logo depois, uma conversa íntima entre Deus e Moisés fornece ideias para incentivar a generosidade dos líderes hoje. Êxodo 33:15-16 declara: "Então lhe disse Moisés: Se a tua presença não vai comigo, não nos faça subir deste lugar. Pois como se há de saber que achamos graça aos teus olhos, eu e o teu povo? Não é, porventura, em andares conosco, de maneira que somos separados, eu e o teu povo, de todos os povos da terra?"

Moisés está clamando, pedindo a Deus que guie os esforços que Ele havia pedido a Seu povo para fazer. Todo líder deve espelhar a atitude de Moisés, intercedendo e convidando outros a interceder, para servirem como luz para o mundo, diferentemente daqueles que seguem os caminhos do mundo.

É claro que a história da campanha do tabernáculo termina com as pessoas sendo tocadas em seus corações para darem mais que o suficiente para concluir o projeto – não pelo líder, mas por Deus. Como Êxodo 36:2-5 proclama:

> *Moisés chamou a Bezalel, e a Aoliabe, e a todo homem hábil em cujo coração o* Senhor *tinha posto sabedoria, isto é, a todo homem cujo coração o impeliu a se chegar à obra para fazê-la. Estes receberam de Moisés todas as ofertas que os filhos de Israel haviam trazido para a obra do serviço do santuário, para fazê-la; e, ainda, cada manhã o povo trazia a Moisés ofertas voluntárias. Então, deixando cada um a obra que fazia, vieram todos os homens sábios que se ocupavam em toda a obra do santuário e disseram a Moisés: O povo traz muito mais do que é necessário para o serviço da obra que o* Senhor *ordenou se fizesse.*

Essa história ilustra quatro partes que devem ser abrangidas no plano do líder que deseja plantar princípios de mordomia. Seus esforços devem convidar as pessoas a participarem, mais do que apenas doarem. Como líder, considere esta declaração de propósito:

O objetivo de nossos esforços de mordomia é pedir aos integrantes e novos amigos que participem com Deus em Sua obra em _____, por meio da oferta de (1) oportunidades de *inserção* (2) *instrução* em mordomia bíblica, enquanto está encorajando (3) *intercessão* e (4) *investimento* no ministério.

Essa declaração captura o tema do Êxodo 25-36 e é resumida por quatro "I's": (1) inserção, (2) instrução, (3) intercessão e (4) investimento.[14] Além da doação, ou investimento, encoraje a inserção por meio de serviço, baseado nas habilidades das pessoas, e a intercessão, pela oração em nome do ministério, enquanto fornece instrução de mordomia para motivar as pessoas a participarem de formas bem mais amplas.

Quando você planta sementes de mordomia, convidando pessoas a servirem por meio dos dons dados por Deus, o que brota é o serviço generoso. Quando você planta sementes instando as pessoas a intercederem em nome da obra do Senhor, o que brota é uma comunidade unida, que testemunha Deus respondendo à oração. Quando você planta sementes pedindo às pessoas que deem a partir do que Deus deu a elas, o que brota é uma doação mais que suficiente para realizar a obra. E quando você planta sementes que instruem as pessoas na verdadeira mordomia, o que brota é a generosidade que vem de uma vida transformada.

A primavera é o tempo de plantar sementes. O mundo secular diz "adote qualquer tática possível para que as pessoas façam doações". O trabalho do semeador é diferente; semeie princípios bíblicos e você estará liberando doações holísticas, que renderão mais que o suficiente, assim como no relato de Êxodo.

Resumo: Semeadores lançam sementes que ajudam as pessoas a irem além de fazer doações; isso as ajuda a se tornarem doadoras generosas de tudo o que são e de tudo o que têm.

2. Perigos durante a estação de semeadura

Nesta seção, destacamos as forças espirituais e sociais que colocam em risco o plantio de princípios de mordomia. Se você recordar a parábola do semeador e dos solos, forças externas podem impedir que o processo de plantio seja bem-sucedido, como as aves que comeram a semente. Na mesma linha, as circunstâncias podem impedir o processo de semeadura; riquezas, os cuidados do mundo, tribulações e perseguições, todos impedem a semente de criar raízes. Essas forças opositoras também estão presentes hoje e detêm o processo de plantar princípios bíblicos de mordomia na vida dos mordomos.

Somos tentados a lutar contra essas forças, que é exatamente o que o maligno quer que façamos, porque, ao fazê-lo, perdemos o foco. Nosso papel é semear a verdade. A melhor maneira de ajudar os solos ou almas é revelar essas forças opositoras pelo que realmente são, ensinando verdades bíblicas para que as pessoas não sejam enganadas.

Vejamos as forças espirituais sombrias em ação. O maligno no texto de Marcos 4:15 está aí para "tirar a palavra semeada neles". Simplificando, Satanás está arrancando a semente que estamos semeando. Então, o que devemos fazer? Continue semeando o máximo de sementes possível, porque em muitos solos a semente não será arrancada; vai criar raízes, brotar e dar frutos.

Na prática, os líderes de ministério precisam deixar de falar ocasionalmente sobre mordomia para falar sobre isso o tempo todo. Precisamos integrar uma filosofia de mordomia bíblica holística em tudo que fazemos, permitindo que a luz da Palavra de Deus brilhe.

No livro, *How to Increase Giving in Your Church*, George Barna demonstrou por meio de sua pesquisa que as pessoas apreciam as instruções bíblicas sobre suas responsabilidades espirituais e seu relacionamento com Deus e com o dinheiro.

> Enquanto eu estudava as melhores igrejas para arrecadar fundos no país, tornava-se óbvio que a pregação e o ensino práticos e sem barreiras dos princípios bíblicos de mordomia, mantendo, de maneira incansável, o corpo de crentes responsável por essas verdades de maneira apropriada, eram diferenciais apreciados por essas famílias de cristãos dedicados a crescer, mesmo nos aspectos difíceis e sacrificiais da fé.[15]

Semear princípios é fazer brilhar a luz da Palavra de Deus na vida das pessoas. A luz dissipa a escuridão. Tornar os crentes responsáveis é encorajá-los a andar na luz, ajudando-os a discernir a verdade das mentiras.

Bens materiais também podem sufocar o processo de plantio de sementes na primavera. Marcos 4:19 diz: "mas os cuidados deste mundo, a fascinação da riqueza e as demais ambições, concorrendo, sufocam a palavra, ficando ela infrutífera". É possível que as pessoas ouçam a verdade, mas estejam tão envolvidas em sua busca por bens que perdem a mensagem.

Rick Warren falou dessa tentação em seu popular livro *Uma vida com propósito*.

> É o dinheiro que tem o maior potencial para substituir Deus na nossa vida. Mais pessoas são desviadas do serviço de Deus pelo materialismo do que por qualquer

outra coisa. Elas dizem: "Após ter atingido meus objetivos financeiros, vou servir a Deus". É uma decisão tola, pela qual se arrependerão por toda a eternidade. Quando Jesus é seu Mestre, o dinheiro serve você, mas, se o dinheiro for seu mestre, você se torna escravo dele.[16]

O que torna a riqueza tão enganosa é que ela pode ser usada para realizar tantos propósitos que leva as pessoas a procurá-la e a guardá-la. Ao fazer isso, até santos nobres tornam-se escravizados.

Outros perigos a serem evitados no atual ambiente orientado pela mídia podem ser de natureza social ou cultural. O maligno nos bombardeia com mensagens sobre os cuidados do mundo e todo crente deve discernir como essas mensagens são inconsistentes com a Palavra de Deus. Se não o fizermos, seremos conformados às normas culturais. Aqui estão alguns exemplos:

A maioria das propagandas sobre dinheiro envolve a noção de que a vida diz respeito a posses. Essa crença também era predominante na época de Cristo – Ele claramente se manifestou contra ela em Lucas 12:13-21. Levada ao extremo, essa noção leva a acumular, numa tentativa de segurança financeira.

Então, quanto é o suficiente? Quanta riqueza pode assegurar o futuro de uma pessoa? John D. Rockefeller respondeu: "Mais um dólar". Se ele nunca pôde alcançá-lo, por que deveríamos tentar?

Esse pensamento se infiltrou na Igreja hoje. Ao ensinar Seus discípulos a orar, Jesus disse para pedirem a Deus o pão diário. Fazemos isso hoje? Ou planejamos o resto de nossas vidas por meio de um planejamento financeiro responsável? Em relação ao dinheiro, Jesus disse para armazená-lo no Céu por meio da doação. O que nós fazemos? Damos uma parcela, mas demonstramos que nossa confiança está em nossa própria capacidade, *tendo contas de poupança e aposentadoria para garantir nosso futuro financeiro*. Jesus celebrou a doação que era sacrificial, como da viúva de Marcos 12:41-44, que deu tudo o que tinha.

Quando foi a última vez que você ouviu falar de alguém que deu tudo o que tinha para viver?

Os perigos durante a estação de semeadura são muitos. O maligno está arrancando a verdade dos corações, então devemos semear com frequência e abundância. As coisas boas deste mundo nos distraem. Sem perceber, lidamos com a riqueza como o resto do mundo lida, porque as mensagens mundanas causaram uma impressão muito poderosa. O resultado, em muitos casos, é que os princípios bíblicos de mordomia nem se enraízam nem resultam em mordomos ricos para com Deus.

Apesar dos perigos, se semearmos abundantemente e espalharmos a verdade sobre o dinheiro com a mesma frequência que Jesus, algumas delas criarão raízes e darão frutos. Temos a palavra de Jesus!

Resumo: Não deixe que os perigos da estação de semeadura o distraiam ou o derrotem no processo de plantio. Continue semeando!

3. *Dicas para nutrir mudas*
Qualquer agricultor sabe que existem muitos fatores que impedem o crescimento saudável das sementes em solo fértil. Falta de água, luz do sol, granizo e inundações, para citar alguns que

estão fora de controle do semeador. O que o semeador pode fazer é nutrir cada planta que ele toca e estender o cuidado a todo o campo por meio de técnicas de fertilização de culturas.

O líder cristão deve concentrar-se em nutrir cada pessoa por meio de interação e correspondência pessoal, importando-se mais com a preparação espiritual do que com a doação. O líder também deve enviar encorajamento pelos meios de comunicação de massa para nutrir toda a comunidade nas mesmas linhas.

Visitas presenciais espalham as sementes da verdade. Portanto, o líder cristão deve fazer o maior número possível de contatos com as pessoas. Mas como um líder aborda esse importante trabalho? As pessoas para quem você liga podem não querer ter o encontro porque acham que você está ligando para pedir dinheiro. Seja persistente e logo as pessoas perceberão que você não está tentando obter nada delas, mas convidando-as a fazer parte da obra de Deus numa variedade de formas.

Adote uma abordagem como da Geritol para nutrir doadores individuais. Anos atrás, a Geritol comercializava seu produto com base na eficácia de uma dose diária; era a vitamina que deveria ser consumida "uma por dia". Se o ministério que você serve tiver 250 mantenedores, trabalhe na lista ao longo de um ano, cerca de 250 dias úteis. Ligue para um mantenedor por dia. Para a maioria, uma ligação rápida ou um e-mail configura uma visita pessoal. Para mantenedores dispersos geograficamente, a ligação pode ser o único contato que você pode fazer. Se sua lista for maior que 250, divida-a e obtenha ajuda de outros membros da equipe.

Mais desafiador é se você tiver milhares de mantenedores; você não pode, possivelmente, encontrar-se com todos eles. Em vez disso, coordene vários canais de comunicação, como e-mail massivo, para comunicar as mensagens que você compartilharia pessoalmente. Pense nisso como borrifar a colheita para controle de pragas.

Ao telefonar para alguém, independentemente da conexão com o ministério, faça uma abordagem com intencionalidade. Diga que você está telefonando para marcar uma reunião para ouvir o que Deus está fazendo na vida deles e compartilhar o que Deus está fazendo no ministério. Use esses cinco "P's" para lembrar o objetivo de cada visita.

1. **Pessoa** – Aprenda sobre quem são e não apenas sobre o que fazem.

2. **Paixão** – Descubra por qual faceta da obra de Deus eles são apaixonados.

3. **Permissão** – Peça permissão para compartilhar sobre seu ministério.

4. **Participação** – Compartilhe como os mordomos participam do trabalho do Rei.

5. **Prece** – Incentive-os a orar sobre a resposta deles.

Para alguns, essa abordagem pode ser interpretada como dissimulação ou meramente uma tática espiritual para atingir a carteira deles. Paciência é a melhor maneira de demonstrar que você se preocupa mais com as pessoas e sua fé crescente do que com a quantidade de doações, e o que você realmente oferece é a oportunidade de se juntar a Deus em Sua obra por meio de diferentes formas de parceria e participação.

Pratique isso e você descobrirá que os mantenedores crescerão em confiança e respeito a você; eles verão que você está realmente procurando ajudá-los a crescer em Cristo.

Isso é sobre disciplina. Com que frequência o importante trabalho de nutrir mudas é subjugado pela tirania do que é urgente? Muitas vezes! Reuniões, situações de crise e surpresas atingem nossas agendas todos os dias e, em seguida, os dias se tornam semanas. Se não estivermos disciplinados a contatar um mantenedor por dia, provavelmente não teremos semeado muito até o final do ano. E se não semearmos, o que colheremos? Quando fazemos contato, o resultado é uma agenda cheia de compromissos e mais mordomos envolvidos nos negócios do Rei.

Encorajar o crescimento espiritual na vida de muitas pessoas é um pouco mais desafiador, mas existem alguns ótimos recursos para ajudá-lo. Livros como *A Chave do Tesouro*, de Randy Alcorn, *Jornada Espiritual de 40 Dias Rumo a Uma Vida Mais Generosa*, de Brian Kluth e *Campos Dourados*, de Andy Stanley são bons exemplos. Cada um desses livros levará você a uma jornada espiritual para aumentar sua compreensão pessoal e sua prática da mordomia, e são ótimos para compartilhar com grandes grupos de pessoas.

Muitos ministérios têm distribuído esses recursos por correio ou em eventos e estão colhendo abundantemente. Encorajar o crescimento espiritual nos mantenedores resultou em níveis dramaticamente mais altos de doação, apoio à oração e serviço voluntário. Lembre-se de que você está semeando para produzir uma colheita a trinta, sessenta e cem por um. Semeie recursos como esses – ou desenvolva um você mesmo – e observe o que acontece.

Resumo: Ajude as mudas a crescerem, não buscando nada delas, mas dando a elas o que precisam para prosperar.

Capítulo 7

A estação para cultivar as almas – Verão

O ensino da mordomia é, na verdade, a formação de discípulos fiéis de Jesus Cristo.[17]

CHARLES CLOUGHEN JR.

O verão é a estação em que os agricultores fazem o que podem para cultivar as plantas, embora seja Deus que as faça crescer. Neste momento do ciclo de crescimento, o semeador deve olhar para os campos, atento às necessidades de diferentes plantas. Obviamente, isso é um acréscimo ao cuidado regular que as culturas necessitam. Já que um agricultor precisará de mais trabalhadores para ajudá-lo a cultivar seu desenvolvimento, o verão é a estação para encontrar colaboradores.

Aplicada à captação de recursos para o Reino, esta seção deste almanaque espiritual fornecerá a você três ferramentas: uma lente para observar os campos com a atenção de cultivar uma variedade de mordomos; discernimento sobre como cuidar da colheita, avaliando como sua comunicação pode ajudar ou prejudicar o crescimento dos mordomos aos seus cuidados; e conselhos para encontrar colaboradores que possam ajudá-lo a incentivar a generosidade cristã.

RESUMO DA ESTAÇÃO: O TRABALHO DO SEMEADOR NO VERÃO	
Levantamento secular de recursos	Levantamento bíblico de mordomos
1. Os líderes manipulam os doadores por meio da gestão de movimentos para levá-los a fazerem doações para a organização.	1. Os líderes deixam os resultados das doações para Deus. Tentam discernir onde as pessoas estão em sua jornada de mordomia para encorajá-las a crescer na graça de dar.
2. Os líderes se comunicam com o objetivo final de obter algo das pessoas.	2. Os líderes se comunicam com o objetivo de transmitir algo para as pessoas.
3. Os líderes encorajam as pessoas a se unirem a eles para cumprir o propósito deles.	3. Os líderes buscam engajar outros para se envolverem com a obra de Deus na comunidade.

Figura 3 — A terceira estação: nutrindo o crescimento

1. Olhe os campos

Um agricultor pode cultivar diferentes culturas, e cada uma delas requer diferentes tipos de cuidados para se tornar produtiva. Por exemplo, algumas precisam de água diariamente, enquanto outras sobrevivem uma semana entre as regas. Algumas plantas florescem em pleno sol, outras em luz suave. Milho, trigo, cevada, aveia, arroz e soja têm necessidades diferentes. Assim como um almanaque responde perguntas relacionadas a essas culturas, esta seção do livro as responde em relação às pessoas.

Se você deseja ajudar as pessoas a crescerem em sua compreensão espiritual e prática de mordomia bíblica, você precisa olhar para os campos para ver o que há lá. Em termos práticos, significa que você deve fazer perguntas. Perguntas básicas ajudam a discernir o que motiva as pessoas. *Você doa à sua igreja local? Quais outras organizações você apoia financeiramente? O que motiva você a doar tão fielmente?* Faça essas perguntas não para manipular, mas para encontrar as pessoas onde elas estão e encorajá-las em seu crescimento. Lembre-se de que Jesus não ficou constrangido em falar sobre ofertas quando "assentado diante do gazofilácio, observava Jesus como o povo lançava ali o dinheiro" em Marcos 12:41-44, a fim de ensinar a seus discípulos a diferença entre dar do excedente e dar em sacrifício. Ele não era tímido para falar sobre dinheiro e doações, e nem nós devemos ser. Jesus adorava fazer perguntas, não porque não sabia as respostas, mas para levar as pessoas a pensarem.

No aspecto secular, fazer perguntas também é uma prática comum. Por exemplo, em seu livro *Sete faces da filantropia*, Prince e File pesquisaram as motivações de 476 pessoas que doavam pelo menos US$25.000 anualmente para caridade.[18] Eles concluíram que havia sete tipos de respostas para a pergunta: *Por que você tem doado tanto dinheiro para esta organização anualmente?*

As sete motivações que eles descobriram foram: (1) o comunitário, (2) o devoto, (3) o investidor, (4) o socialite, (5) o altruísta, (6) o retribuidor e (7) o dinasta. Ao reconhecer as sete faces, poderiam aprender a se comunicar de maneira consistente com as motivações dos doadores para movê-los a doar. Esse processo geralmente é guiado por um conceito secular chamado de gerenciamento de movimentos.

Há diferentes exemplos de ciclos de gerenciamento de movimentos na captação de fundos secular, mas essencialmente cada um deles procura mover nomes através desses estágios básicos: (1) identificar, (2) qualificar, (3) cultivar, (4) solicitar e (5) administrar.

Ao examinar os campos, os líderes cristãos devem procurar entender a motivação para doar e lidar com listas de nomes usando técnicas de gerenciamento de movimentos? A resposta é sim e não.

Fazer perguntas para discernir fornecer motivações é ótimo, mas fazê-las com o objetivo de manipular as pessoas é não deixar os resultados para Deus. Contudo, fazer perguntas para conhecer as pessoas, para que você interaja com elas de uma maneira que flua de acordo com as necessidades delas, é consistente com conceitos bíblicos.

É assim que deveria ser no seu ministério. Para os comunitários, descreva como as doações deles podem transformar a comunidade. Para os devotos, aponte os exemplos de mordomos fiéis das Escrituras. Para os investidores ao seu redor, forneça os números, que os ajudarão a pensar em maneiras de alavancar suas doações para obter o máximo retorno para o Reino. Para os socialites em seu meio, realize eventos para incentivar a participação com o ministério na comunidade. Para os altruístas, engaje-os em qualquer nível de envolvimento que os deixe confortáveis. Para os retribuidores, mostre como a participação pode, por sua vez, abençoar outros. E para os dinastas, mostre como líderes como Barnabé no livro de Atos supriram a obra do ministério ao abrir o caminho com generosas doações.

Quanto à gestão de movimentos, você deveria administrar os relacionamentos sob seus cuidados como Diretor Executivo ou como pastor de sua igreja? Evidentemente. A chave aqui é levar as pessoas à transformação, em vez de apenas fazer transações. Não manipule relacionamentos para atingir seus fins. Antes, incentive as pessoas a discernir como o Espírito Santo as está conduzindo em suas vidas. Novamente, faça perguntas para promover essas descobertas.

Em seu livro, *Deus e Suas coisas: A conexão vital entre suas posses e sua alma*,[19] Wesley K. Willmer avaliou a "Correlação entre a maturidade da alma e o uso de bens". Seu gráfico (p.104) ajuda líderes a usarem o que aprendemos sobre fazer perguntas para eles próprios crescerem e ajudarem outros a crescer na graça de doar.

Ao fazer perguntas relacionadas a dinheiro e doações, as respostas das pessoas dirão a você em que ponto elas estão no relacionamento entre sua fé e seus bens. Se parecem doar sem intencionalidade ou regularidade, mas em resposta a apelos emocionais por sustento, elas podem estar no estágio de imitador no gráfico de Willmer. As pessoas que doam esporadicamente e com o sentido de obrigação a outros tendem a estar no estágio de modelador. Os que estão no estágio de conformista veem a doação como uma obrigação e, embora doem de forma mais consistente, provavelmente é do que sobra e não sacrificial.

CORRELAÇÃO ENTRE A MATURIDADE DA ALMA E O USO DE BENS		
Estágios	Características da fé	Evidências no uso dos bens
Estágio 1: Imitador	Como uma criança, é marcada pela imaginação e influenciada por histórias e exemplos de outros.	É capaz de imitar os exemplos dos outros ao doar quando demonstrado ou instruído.
Estágio 2: Modelador	Toma as crenças e as regras morais literalmente. A percepção de Deus é em grande parte formada por amigos.	Doam esporadicamente quando lhes é dado um exemplo a seguir.
Estágio 3: Conformista	A fé torna-se uma base para o amor, a aceitação e a identidade; envolve a maioria dos aspectos da vida e é moldada principalmente pelos relacionamentos. A fé ainda não forma uma "filosofia de vida" coesa.	Doa porque é a coisa a ser feita. Gosta de reconhecimento, benefícios fiscais, e outros ganhos pessoais pela doação.
Estágio 4: Independente	Começa a "apropriar-se" da fé. A fé é menos definida pelos outros à medida que se torna capaz de se examinar pessoalmente e a questionar suas crenças.	Começa a dar na proporção do que Deus lhe deu. Há o perigo de se tornar orgulhoso em relação às doações ou de doar com motivação errada. Pergunta a si mesmo porque os outros não doam mais.
Estágio 5: Doador Generoso	Entende as principais ideias de uma fé individualizada, bem como das práticas individuais. Torna-se interessado em desenvolver a fé dos outros.	Reconhece que tudo o que possui é de Deus. Começa a doar por iniciativa própria, em vez de por obrigação ou rotina. Encontra a alegria de dar.
Estágio 6: Mordomo maduro	Pouca consideração por si próprio. Concentra-se em Deus e depois nos outros. Livre das regras feitas pelo homem.	Reconhece o papel de um fiel mordomo dos bens de Deus. Mais interessado nos tesouros do Céu do que nos da Terra. Contenta-se com a provisão diária.

Figura 4. — Os estágios da doação (WILLMER, 2002).

Em algum lugar entre os estágios três e quatro do gráfico de Willmer, a transformação começa a acontecer. E, se estamos fazendo perguntas para levar as pessoas à transformação, como este gráfico ilustra, nossas interações devem encorajá-las a se tornarem mordomos maduros.

Para quem gosta de ver esse processo visualmente, considere outro gráfico de *Deus e suas coisas*[20].

Fé e estágios da maturidade em mordomia como uma escolha de dois reinos

Eterno

6. Mordomo maduro
5. Generoso
4. Independente

Reino de Deus

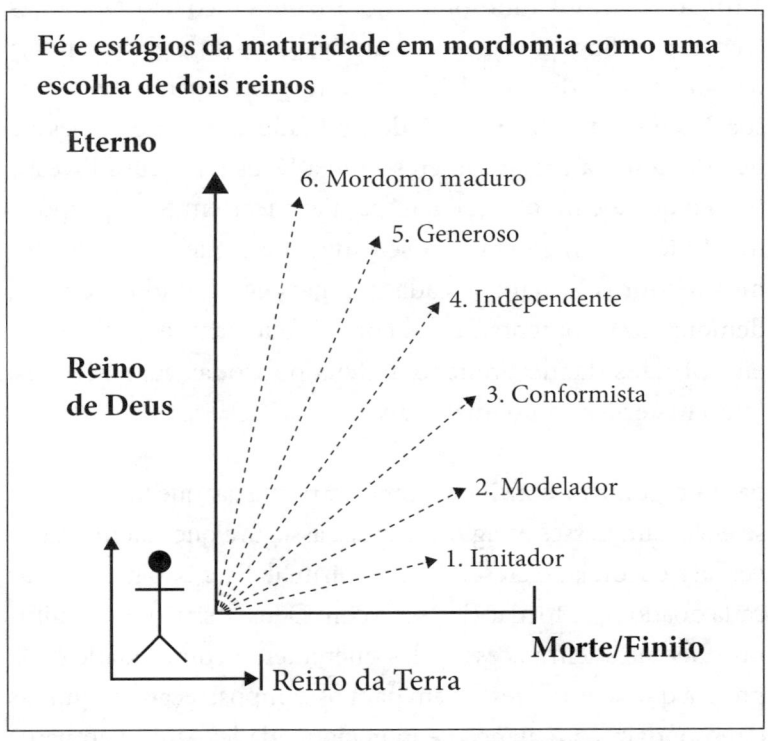

3. Conformista
2. Modelador
1. Imitador

Reino da Terra

Morte/Finito

Figura 5 — Os estágios de transformação (WILLMER, 2002).

Observe que a doação nos estágios um a três, em última análise, foca apenas objetivos terrenos. Os comportamentos de imitar, modelar e se conformar são ações externas, que, como os sacrifícios do povo de Deus no Antigo Testamento, nada significam para Deus sem um coração transformado. Ao fazer perguntas, se você perceber que as pessoas estão doando com foco terreno, encoraje-as a elevarem seu olhar para o Céu.

No estágio quatro, observe que a trajetória da doação de um indivíduo se move do reino terrestre para o Reino de Deus. A doação proporcional começa a ocorrer aqui, mas o orgulho é a armadilha que impede muitos de seguirem em direção à maturidade. Os mordomos do estágio cinco são Doadores Generosos. Suas doações são motivadas pela alegria em vez da obrigação e do sacrifício, em comparação com seus recursos. No topo da tabela, o Mordomo Maduro é o tipo de pessoa que demonstra um apego crescente a Deus e procura investir tudo o que é e tudo o que tem para avançar em Seus propósitos. Independentemente do seu nível de riqueza, os Mordomos Maduros tornam-se cada vez mais desapegados de bens, demonstram contentamento com o que têm e podem ser encontrados dando gratidão a Deus por todas suas bênçãos, tanto materiais como imateriais.

Faça perguntas e considere como as respostas que você recebe se encaixam nesses estágios. Depois, assegure que sua interação venha a encorajar o crescimento espiritual. Faça isso para ajudar cada doador a se tornar rico para com Deus. Assim como culturas diferentes têm necessidades diferentes, a comunidade de fé precisa que seus líderes olhem para os campos, façam perguntas e respondam com atenção e intencionalidade. A questão não é fornecer o mesmo cuidado a todos, mas estar atento e disponível a responder às necessidades particulares de cada um.

Para grandes grupos de pessoas, um líder deve resistir à tentação de renunciar ao trabalho vital de cultivo. E mais, é necessário nutrir o crescimento espiritual em cada vida. Isso pode ser feito entretecendo com persistência os princípios da mordomia bíblica em todas as comunicações, mantendo-se atento às diferentes motivações. Ao fazê-lo, em ritmos diferentes e de maneiras diferentes, você ajudará todos a crescerem na graça de doar.

Resumo: Faça perguntas e ouça as respostas das pessoas para discernir a melhor forma de ajudá-las a crescer na graça de doar.

2. Cuide de suas plantações

Além do que as plantas precisam especificamente, os agricultores devem fornecer cuidados gerais no verão. Este cuidado geral é mais bem resumido como *comunicação*.

Que mensagens sobre generosidade você está enviando em sua mala direta? Cada oferta e cada doador são igualmente valorizados, apesar das diferenças na capacidade e propensão a doar? Como você divulga seus valores por meio do informativo da instituição ou boletim da igreja? Aqueles que doam mais são mais celebrados do que aqueles que dão ofertas menores?

Que diferença isso faz?

Se você não prover cuidados gerais para suas plantações por meio de uma comunicação cuidadosa, na melhor das hipóteses, limitará sua colheita. Financeiramente, isso pode significar a diferença entre superar uma meta de campanha e ter uma tentativa paralisada ou mesmo fracassada.

Como um líder se comunica para que as mensagens encorajem a generosidade? Isso deve ser feito com clareza, sem favoritismo e sem esperar nada em troca. A comunicação consistente com princípios bíblicos resulta em transformação guiada pelo Espírito na vida das pessoas. No entanto, a comunicação com favoritismo ou com expectativas é a gestão de movimentos seculares no trabalho. É uma armadilha muito grande a ser evitada.

Todo líder é tentado a abordar pessoas ricas de maneira diferente devido aos seus maiores recursos. Como Jesus ensinou em Marcos 12, ofertas sacrificiais vêm das fontes que você menos espera. Tiago concorda no capítulo 2, lembrando aos leitores para não mostrarem favoritismo dentro do corpo de Cristo. O ponto crucial é: resista à tendência de dar atenção extra aos ricos. Ainda assim, devemos perceber que eles estão frequentemente entre as pessoas mais exploradas na comunidade de fé. Paradoxalmente, você pode precisar ministrar a eles.

Henri Nouwen abordou esta questão em *Espiritualidade da captação de recursos*. Ele cita a história de uma mulher muito rica que se sentia desvalorizada por causa da maneira como era tratada. Ouça a dor do coração dela: "Sabe, Henri, todo mundo está atrás do meu dinheiro. Nasci na riqueza e minha família é rica. Isso faz parte de quem eu sou, mas não é tudo o que existe. Tenho tanto medo de ser amada apenas por causa do meu dinheiro e não por quem realmente sou."[21] Nouwen continua ajudando-nos a perceber que "devemos ministrar aos ricos de nosso próprio local de riqueza – a riqueza espiritual que herdamos como irmãos e irmãs de Jesus Cristo."[22]

Um caminho alternativo a seguir, seja a pessoa rica ou não, é perguntar sinceramente sobre o relacionamento dela com Jesus. Quando um responsável por levantamento de recursos perguntou a uma celebridade sobre sua caminhada com Jesus, o homem respondeu: "Ninguém jamais me fez essa pergunta." A medida do sucesso de toda comunicação não deve ser o tamanho da oferta; mas, em vez disso, a interação aproxima essa pessoa de Jesus? A propósito, a celebridade deu uma grande oferta, dizendo que a interação o aproximou de Deus e Deus o motivou a dar mais do que ele havia planejado.

O propósito de sua comunicação com as pessoas é descobrir onde elas estão na jornada e incentivar o crescimento na fé. Deus cuida dos resultados, porque quando as pessoas se conformam à imagem de Cristo, que é generoso, elas próprias se tornam mais generosas. Seu trabalho é encorajá-las nesse caminho por meio da comunicação.

Muitos líderes de ministério são tentados também a fazer pesquisas de prospecção para qualificar a capacidade de doação dos contribuintes. Eles deveriam fazer isso? Antes de responder, considere as palavras de Jesus a Seus discípulos quando Ele os enviou para ministrar em Seu nome (LUCAS 10:1-7).

Depois disto, o Senhor designou outros setenta; e os enviou de dois em dois, para que o precedessem em cada cidade e lugar aonde ele estava para ir. E lhes fez a seguinte advertência: A seara é grande, mas os trabalhadores são poucos. Rogai, pois, ao Senhor da seara que mande trabalhadores para a sua seara. Ide! Eis que eu vos envio como cordeiros para o meio de lobos. Não leveis bolsas nem alforje, em sandálias; e a ninguém saudeis pelo caminho. Ao entrardes numa casa, dizei antes de tudo: Paz seja nesta casa! Se houver ali um filho da paz, repousará sobre ele a vossa paz; se não houver, ela voltará sobre vós. Permanecei na mesma casa, comendo e bebendo do que eles tiverem; porque digno é o trabalhador do seu salário. Não andeis a mudar de casa em casa.

Observe que, quando Jesus enviou os discípulos, Ele não os instou a identificar e qualificar as possibilidades e a se inclinarem aos ricos para financiar a obra de Deus. Ele os enviou em uma jornada de fé. Confiaram somente nele para abrir o coração e o lar das pessoas para eles. Jesus também os enviou com a confiança de que Ele agiria por meio de pessoas receptivas para suprir suas necessidades.

No ministério de levantamento de recursos para o Reino, Deus quer que os líderes procurem pessoas receptivas, não pessoas ricas. Esse é o perigo da pesquisa de prospecção. Pressupõe que você favorecerá pessoas ricas por causa do que poderá obter delas. Não admira que pessoas ricas como a mulher que Henri Nouwen citou sintam-se exploradas.

Então, um líder deve fazer pesquisas de prospecção? Bem, sim e não.

Na pesquisa tradicional de prospecção, você determina primeiramente a *capacidade*. *Capacidade* significa estimar os ativos de uma pessoa por meio de registro público. Em seguida, você cultiva relacionamentos com elas para conseguir grandes ofertas para sua organização.

Para o responsável por levantamento de recursos, entender a *capacidade* é certamente uma ferramenta útil. No entanto, *não* deve ser usada para mostrar tratamento especial aos ricos, como é a tentação, mas para identificar um bom ponto de partida para conversar e discernir suas necessidades, em vez de vê-los como a resposta para atender às suas. E capacidade é apenas metade da pesquisa que pode ser feita. A *propensão* é outra característica a ser analisada. A *propensão* pode ser definida como a identificação daqueles que Deus predispôs a doar para ministérios como o que você serve.[23]

Por exemplo, se você identificar uma fundação que apoia ministérios parecidos com os seus na Califórnia, e sua organização estiver no Colorado, um telefonema poderá revelar que, embora suas missões estejam alinhadas, Deus trabalhou no coração dos fundadores para apoiar apenas ministérios naquele estado. Em outro exemplo, uma fundação apoia um setor específico de ministério em todo o país. Se você servir nesse campo, uma ligação poderá resultar em um convite para enviar uma proposta. Esses exemplos ilustram como determinar a propensão e ajudar o líder do ministério a encontrar pessoas cujos corações já ressoam com o mesmo foco ministerial.

Ao pesquisar *capacidade* e *propensão*, você deve usar o que encontrar para ajudá-lo a realizar seu trabalho de maneira eficaz, sem dar tratamento especial a pessoas específicas, porque, como Jesus ensinou, a oferta de sacrifício vem de onde você menos espera.

Além da comunicação com indivíduos, o semeador também pode usar a comunicação de massa, consciente de que o que você celebra diz o que você valoriza. Seu ministério compartilha histórias apenas quando grandes ofertas são recebidas? Se sim, que mensagem você está enviando aos mantenedores mensais sobre como você valoriza a parceria deles com você?

E sobre a frequência da sua comunicação? Um consultor instruiu um líder de ministério a enviar pelo menos dezesseis cartas por ano em busca de sustento ou sofreria uma queda drástica nas doações. Mais tarde, uma pesquisa com esses contribuintes revelou que eles sentiam que tudo o que o ministério queria era seu dinheiro. É esse o impacto que você deseja ter? Certamente não! Sua liderança deve determinar como sua prática se alinha às suas crenças. As pessoas podem realmente dar mais se tratadas de maneira diferente? O que uma auditoria de comunicação revelaria?

Mais dois exemplos de cuidado com seus cultivos são relevantes. Um ministério enviou e-mails semanais de oração durante uma campanha de construção de três anos. Eram curtos e iam direto ao ponto. O objetivo era incentivar uma fé mais profunda à medida que Deus trabalhava na campanha. No final, as pessoas até pediram que os e-mails continuassem a ser enviados, dizendo que esses pensamentos devocionais as abençoavam espiritualmente.

O outro exemplo cai na esfera de solicitação de serviço voluntário. Um ministério urbano relatou mais de 10.000 horas de serviço voluntário no primeiro ano de envolvimento formal de voluntários e isso contribuiu para dobrar a capacidade do ministério. Quando perguntados, eles expressaram que Deus levantou o exército de obreiros; tudo o que eles fizeram foi compartilhar as maneiras pelas quais as pessoas poderiam servir.

Se, na estação de semeadura da primavera, nosso desejo é plantar sementes na vida das pessoas que as convide para a participação holística na obra de Deus, então na estação de cultivo do verão, devemos facilitar para que elas estabeleçam parceria conosco nessas formas.

Resumo: A comunicação cuidadosa nutre o crescimento ao afirmar as mensagens de mordomia que você está comunicando às pessoas.

3. Encontre colaboradores

Os agricultores reúnem toda a ajuda que podem na época da colheita, e você deveria fazer o mesmo. Em um cenário agrário, a mão de cada agricultor é colocada para trabalhar porque há muito o que fazer. Como um líder cristão reúne tal ajuda? Como a colheita é abundante e os trabalhadores são poucos, seu trabalho é pedir a Deus que envie trabalhadores para ajudar, e Ele muitas vezes traz pessoas para estarem a seu lado, mesmo quando você está ministrando a elas.

Digamos que Deus tenha dado a você uma paixão por ministrar aos sem-teto por meio de uma missão de resgate e você deseja que outras pessoas se juntem a você. Como você pode envolver outros? Crie espaços para que seus contribuintes apresentem os amigos deles à sua missão. Para ministérios baseados em localização, como missões de resgate, esses são eventos *ponto de entrada*.[24] Eles criam um ponto de entrada para apresentar os convidados à sua organização durante um café da manhã, almoço, café, jantar ou sobremesa. Uma refeição é sempre um ótimo catalisador para aproximar as pessoas. Para ministérios sem localização específica, reúna as pessoas na casa de um membro da diretoria e compartilhe histórias daqueles tocados pela organização. E quando todos estiverem estrategicamente reunidos, não busque uma oferta, mas eleve o olhar deles para Deus, para como Ele pode fazer com que eles participem de uma variedade de formas.

Como líder de um ministério, você quer ajudar os membros da diretoria a estarem mais envolvidos. Portanto, tenha um processo de orientação para novos administradores e os instrua por meio de bons livros sobre funções na área fiduciária, estratégica e de governança. Forneça a eles pontos claros para conversar e incentive-os a memorizar a missão, para que possam compartilhá-la aonde quer que forem.

Além de orientar e instruir os membros da diretoria, peça a eles para que deem a você "seis momentos" a cada ano.[25] Por meio de "seis momentos", os administradores são solicitados a serem estrategicamente apoiadores, organizando eventos, como um jantar para apresentar o presidente aos amigos ou um café com o responsável pela captação de recursos e um amigo; patrocinar e ser parte de um quarteto no torneio de golfe beneficente; trazer convidados para um próximo evento de apresentação e assim por diante. Ao pedir "seis momentos", você tornará as coisas mais fáceis para os membros da diretoria, assim como para outros voluntários, para que ajudem diretamente na expansão de sua comunidade organizacional. Sua organização facilita para que as pessoas trabalhem com você?

De novo, nas palavras de Henri Nouwen: "Eu me pergunto quantas igrejas e organizações de caridade percebem que comunidade é um dos maiores presentes que elas têm a oferecer."[26] Convidar pessoas para servir, compartilhando esse privilégio, é um dos maiores presentes que podemos dar, porque não é o nosso ministério, mas a obra de Deus.

Resumo: Faça com que seja fácil que as pessoas se juntem a você para semear tempo, energia e recursos no ministério que você serve.

Capítulo 8

A estação para fazer a colheita – Outono

> *Queira Sua Majestade*
> *que a extraordinária generosidade*
> *Que Ele mostrou a esse pecador*
> *miserável sirva para incentivar e despertar*
> *os que leem isto para que abandonem*
> *completamente tudo por Deus.*
> *Se Sua Majestade retribui tão plenamente,*
> *que mesmo nesta vida a recompensa*
> *e os ganhos obtidos por aqueles que*
> *o servem são claramente vistos, qual*
> *será essa recompensa na próxima vida?*[27]
>
> SANTA TERESA DE ÁVILA

Temos o privilégio de servir como mordomos de Sua majestade. Ele nos abençoou generosamente para sermos uma bênção para outros, e essa verdade resume nosso trabalho nas estações anteriores do semeador. No outono, veremos frutos de nossos trabalhos e podemos antecipar, mas dificilmente, compreender a recompensa que nos espera por nossa fidelidade.

O outono é a estação para fazer a colheita. Os trabalhadores estão no local, prontos para ajudar. Os campos estão transbordando de produtividade. A lei da colheita diz que se você semeou generosamente, colherá abundantemente. Então, com alegria, vá colher seus resultados!

Nesta seção conclusiva, os semeadores serão desafiados a medir os resultados do ministério em vez de meramente os resultados monetários – novamente mudando o foco para o que podemos controlar, em vez do que não podemos controlar. Os semeadores também têm fé na abundância de Deus, enquanto exortam todos os mordomos a empregar os recursos que Deus colocou sob seus cuidados com generosidade. Finalmente, o ponto culminante do nosso trabalho deve ser celebrar Sua provisão com gratidão.

RESUMO DA ESTAÇÃO: O TRABALHO DO SEMEADOR NO OUTONO	
Levantamento secular de fundos	Levantamento bíblico de mordomos
1. Os líderes confiam em seus próprios esforços e medem o sucesso em termos monetários.	1. Os líderes confiam em Deus para prover e estabelecem objetivos espirituais ou de ministério.
2. A percepção dos líderes é baseada no medo; numa mentalidade de escassez, eles competem por recursos limitados dos doadores.	2. Os líderes veem através da lente da fé, de modo que uma mentalidade de abundância lhes permite colaborar em vez de competir.
3. Os líderes celebram o que as pessoas têm feito e lhes dão glória.	3. Os líderes celebram a provisão de Deus e dão glória a Ele.

Figura 6 — A quarta estação: colheita equivale à provisão

1. Estabeleça metas espirituais e colha abundantemente

Se você semeou princípios bíblicos de mordomia na vida das pessoas, terá uma colheita de trinta, sessenta ou cem por um. Jesus assim o disse. Receber doações financeiras significa colher os resultados de semear verdades bíblicas. No entanto, uma grande colheita nem sempre é medida monetariamente.

Os líderes podem considerar a mudança das metas monetárias para as do ministério. Fazer essa mudança requer uma alteração na mensuração. Acreditar que você é o levantador de fundos significa que você só pode medir metas monetárias. Se você acredita que Deus é o Captador de Recursos e você é um semeador, medirá as atividades relacionadas ao ministério. Em outras palavras, se os resultados dependem de Deus, então meça as atividades que podem ser esperadas de um oficial de mordomia.

Em vez de contar dinheiro, conte o número de visitas pessoais, telefonemas e outras correspondências pessoais que você tem com doadores e possíveis novos amigos. Em vez de totalizar o valor de um evento de levantamento de fundos, defina metas para usar eventos para expor sua missão a um número específico de pessoas. Em vez de uma meta exclusivamente monetária para ofertas planejadas, considere como sua meta um certo número de mensagens pessoais usando diferentes meios de comunicação. Como o semeador que semeia estrategicamente seus campos, você deseja medir atividades que encorajem decisões de mordomia espiritual. Optar por não fazer isso seria como um agricultor escolhendo não fazer nada o ano todo – não plantar, não cultivar, não irrigar, nada. Quão absurdo seria esperar uma produção abundante na época da colheita. No entanto, muitos líderes de ministério fazem exatamente isso quando se trata de incentivar a generosidade cristã.

Se sua única medida de sucesso é financeira a cada ano, discuta um novo conjunto de metas com seu supervisor. O trabalho do oficial de mordomia é fazer as coisas certas de maneira consistente e confiar em Deus para os resultados. Faça o trabalho de semeador nas três primeiras estações, e as metas financeiras se encarregarão de si mesmas no outono. Os projetos serão financiados – alguns a partir de fontes esperadas e outros de fontes que você não esperava. Você excederá as metas anuais de fundos da mesma maneira. Mais importante, porém, a cada ano, a colheita superará suas expectativas porque as sementes de mordomia foram semeadas. Onde Deus dá a visão, Ele fornece a provisão.

Resumo: Quando você colhe generosamente, conte não apenas o dinheiro que Deus forneceu, mas veja quais outras metas do ministério foram mais do que cumpridas.

2. *Tenha fé na abundância ilimitada*
O almanaque de um agricultor geralmente projeta o tamanho da colheita por meio de cálculos de fatores que impactam a colheita. Padrões climáticos, projeções de precipitação e tendências de temperatura podem influenciar a colheita. Da mesma forma, fatores espirituais, sociais e globais influenciam as tendências para doações. Como os tempos econômicos difíceis geram uma mentalidade de escassez, as pessoas devem ser encorajadas a tomar decisões enraizadas na fé, e não no medo.[28] Em tempos econômicos desafiadores, a Bíblia oferece mensagens contraculturais para três tipos de mordomos.

A primeira mensagem é para pessoas que atuam como administradores de um armazém, supervisionando a distribuição dos ativos de uma fundação. Qual é a tentação em uma crise econômica? Manter as reservas, certo? Em Gênesis 41, em um período de fome catastrófica, a resposta de José não foi acumular, mas abrir os armazéns! José compartilhou livremente o que Deus havia fornecido em épocas de abundância.

Este exemplo tocou vários executivos de fundações, levando-os a mudar sua abordagem filosófica de dar o padrão de cinco por cento a cada ano para dar mais em anos difíceis e menos em anos de abundância. O código tributário permite que eles repassem – por até cinco anos – o valor que dão acima dos cinco por cento em um ano de expansão para cobrir os anos futuros, quando eles poderão dar menos de cinco por cento. Essencialmente, o desafio é exortar os que têm sementes em tempos de fome a semear e muitos estão respondendo!

A segunda mensagem é para aqueles que possuem uma carteira de ativos. O modelo bíblico para eles é Barnabé. Quando os apóstolos tinham necessidades, Atos 4:36-37 nos diz que ele vendeu um de seus bens, um pedaço de terra. Ele não vendeu toda a sua terra, apenas uma parte dela.

Muitos administradores têm, hoje, carteiras de ações, imóveis e outros valores mobiliários. Nas economias em baixa, corretores ou consultores financeiros aconselham seus clientes a manter os ativos. Os líderes de ministério podem lembrar aos que possuem ativos que vender um pouco do que têm é um caminho que se abre para eles doarem mesmo em tempos difíceis.

Um mordomo possuía vários complexos de apartamentos e, depois de muita oração, concluiu que deveria vender um e dar os rendimentos para um ministério. Com certeza, vendeu no mesmo dia em que o colocou à venda. Prontamente doou os rendimentos da venda, percebendo que, em tempos de crise financeira, tinha recursos para compartilhar.

A terceira mensagem bíblica se aplica a todos os outros mordomos: dê generosamente a Deus. Siga os exemplos da viúva de Sarepta de 1 Reis 17 no Antigo Testamento ou dos macedônios de 2 Coríntios 8 no Novo Testamento. Independentemente de quanto você tem, dê generosamente a Deus. A doação nesses dois exemplos foi além da capacidade, fluindo de um lugar de confiança inabalável em Deus.

Estes são os exemplos que devemos usar com nossos contribuintes em tempos difíceis. Eles não fazem sentido em termos de filantropia secular, mas o ponto nessa abordagem é ajudar as pessoas a verem como usar seus recursos de maneira consistente com os exemplos das Escrituras, cientes de que as decisões de mordomia são baseadas no que se tem.

Aqui está outra consideração. Alguns especialistas dizem para pedir uma oferta específica, outros dizem que você não deveria, e alguns recomendam pedir um compromisso por vários anos. Então, o que o líder deve fazer?

Assim como nem todos os doadores são iguais, não se pede o mesmo a todos. Um pedido é uma solicitação de apoio financeiro, destinado a resultar na resposta desejada. A teoria da captação de recursos secular requer o fechamento de uma transação de doação sugerindo um montante específico. Jesus nos ensinou que a oferta sacrificial geralmente vem de fontes que menos esperamos. Portanto, talvez devêssemos deixar que os mantenedores nos digam o quanto são levados a doar.

Quanto ao compromisso de doação, tendências recentes indicam pedir compromissos de três, quatro ou até cinco anos para maximizar o tempo do solicitante. Esses compromissos liberam o solicitante para expandir a base de suporte sem precisar contatar cada doador a cada ano. Tempos financeiros difíceis levam muitos a parar de fazer compromissos plurianuais. Então, o que o líder deve fazer?

A essa altura, você provavelmente já sabe a resposta: a abordagem será diferente para cada pessoa. Para aqueles com renda inconsistente ou esporádica, uma doação anual por vários anos pode ser apropriada. Para aqueles que vivem de salário, um compromisso mensal por vários anos pode ser melhor. Como as decisões de mordomia são baseadas no que se tem e não no que não se tem[29], as doações em geral provavelmente continuarão. Siga a orientação do Espírito ao solicitar recursos para o Reino.

Resumo: Não tente controlar o processo de participação. Peça às pessoas que deem de uma maneira que faça sentido com tudo o que Deus pediu para elas administrarem.

3. Celebre com ações de graças

Por gerações, a celebração do ponto culminante da colheita nos Estados Unidos tem sido a festa de Ação de Graças. Nesse momento, a tarefa dos trabalhadores está concluída, a colheita foi abundante e as porções foram distribuídas a todos que compartilharam da experiência. E, a cada ano no almanaque do agricultor, há dicas culinárias para um evento inesquecível de Ação de Graças.

Da mesma forma, esse almanaque espiritual deve terminar com instruções para uma celebração da colheita que alegremente dará louvor e graças a Deus. Em 2 Coríntios 9:12-13, Paulo disse isso sobre doar:

> *Porque o serviço desta assistência não só supre a necessidade dos santos, mas também redunda em muitas graças a Deus, visto como, na prova desta ministração, glorificam a Deus pela obediência da vossa confissão quanto ao evangelho de Cristo e pela liberalidade com que contribuís para eles e para todos.*

O modo como celebramos diz claramente em quem acreditamos estar, de fato, fazendo o levantamento de fundos. Se celebramos como Paulo, ajudamos as pessoas a perceberem que sua generosidade não apenas mostra a profundidade de sua fé, mas dá glória a Deus. Isso está acontecendo em sua casa, em sua igreja ou ministério? Se deseja isso, talvez seja o momento para você se tornar um semeador.

Resumo: Quando o Reino de Deus avança por meio da generosidade de Seu povo, não há dúvida de que Deus realizou a obra e Deus recebe a glória.

Epílogo

A segunda seção deste livro fecha um círculo completo, de volta ao ponto onde começou – onde minha vida começou – lançando sementes. Minha família era proprietária de uma empresa de estufas, a Hoag's Greenhouses, que operou por 82 anos. Cultivávamos tomates e pepinos. Por mais de uma década, aprendi a fazer tudo, desde o plantio de mudas até dirigir o caminhão ao mercado.

Meu lugar favorito era a câmara de crescimento, uma sala com cerca de 6 metros por 12 metros, com seis refletores nela. Você tinha que usar óculos de sol para entrar. Quando criança, eu pensava que era o Céu de tão brilhante que era lá dentro. Centenas de milhares de sementes foram plantadas naquela sala.

Uma a uma, com cuidado e carinho, os trabalhadores plantavam sementes em buracos com menos de cinco centímetros de largura, preenchidos com terra fértil. Com a quantidade certa de luz e água, elas brotariam em alguns dias e depois seriam transplantadas para recipientes maiores. Mais tarde, eram plantadas em nossa estufa, uma instalação de vidro com controle climático, de cinco acres. Com irrigação, fertilização, nutrientes, muito trabalho árduo e muita oração ao longo de alguns meses, uma colheita chegaria. Eu não podia acreditar em quantos tomates ou pepinos vinham de cada planta.

Antes – e agora – a única maneira de obter uma grande colheita era semear em abundância. Investimos na semeadura todo nosso tempo, energia e recursos. Até hoje não parei de semear. Convido você a unir-se à revolução da generosidade que flui da semeadura, em vez de colher frutas "penduradas em galhos baixos".

Durante as quatro estações deste almanaque espiritual, o objetivo tem sido fornecer conselhos práticos para semear princípios de mordomia transformacional, baseados em sólido fundamento teológico para ajudar as pessoas a se tornarem mordomos maduros e ricos para com Deus.

Esperamos que você tenha achado este livro útil. Nesse caso, compartilhe-o com mais alguém, mas não pare por aí. Considere seu círculo de relacionamentos como a câmara de crescimento. Cuidadosamente, pegue sua semente e plante-a na maior quantidade de vidas possível. À medida que o crescimento se tornar evidente, faça o possível para nutri-la e peça a Deus que produza uma colheita além dos seus sonhos mais loucos.

E isto afirmo: aquele que semeia pouco pouco também ceifará; e o que semeia com fartura com abundância também ceifará.[30]

Apêndice A

Resumo do almanaque em uma visão geral

RESUMO DA ESTAÇÃO: O TRABALHO DO SEMEADOR NO INVERNO	
1. Os líderes consideram que seu papel é ser *captador de recursos* para a organização.	1. Os líderes entendem que seu papel é semear princípios bíblicos de mordomia; Deus é o *Captador de Recursos*.
2. Os líderes elaboram estratégias para as pessoas fazerem doações para sua organização.	2. Os líderes reúnem verdades bíblicas que encorajam as pessoas a se tornarem doadores que são ricos para com Deus.
3. Os líderes fazem tudo o que funcione para levar as pessoas a doarem generosamente.	3. Os líderes vivenciam a generosidade e oram para que Deus ajude as pessoas a crescerem espiritualmente na graça de doar.

RESUMO DA ESTAÇÃO: O TRABALHO DO SEMEADOR NA PRIMAVERA	
1. Os líderes buscam transações: ofertas para cumprir os propósitos de suas organizações, a partir de doadores que têm recursos financeiros.	1. Os líderes buscam transformação: ajudar outros a usarem os dons espirituais e materiais confiados a eles para cumprir a obra de Deus.
2. Os líderes reforçam o pensamento mundano por meio de estratégias como o reconhecimento público de doadores, que podem funcionar culturalmente, mas ser biblicamente inconsistentes.	2. Os líderes ajudam pessoas a discernirem entre o pensamento mundano e o pensamento piedoso, sendo modelo dos princípios bíblicos de mordomia.

3. "Tudo depende de relacionamentos!" O objetivo dos líderes é construir relacionamentos com pessoas que resultem em muitas ofertas por muitos anos.	3. "Tudo depende do mais importante relacionamento!" O objetivo dos líderes é aproximar mais as pessoas de Deus. Como resultado, elas ficarão mais generosamente envolvidas com a obra de Deus.

RESUMO DA ESTAÇÃO: O TRABALHO DO SEMEADOR NO VERÃO	
1. Os líderes manipulam os doadores por meio da gestão de movimentos para levá-los a fazerem doações para a organização.	1. Os líderes deixam os resultados das doações para Deus. Tentam discernir onde as pessoas estão em sua jornada de mordomia para encorajá-las a crescer na graça de dar.
2. Os líderes se comunicam com o objetivo final de obter algo das pessoas.	2. Os líderes se comunicam com o objetivo de transmitir algo para as pessoas.
3. Os líderes encorajam as pessoas a se unirem para cumprir o propósito deles.	3. Os líderes buscam engajar outros para se envolverem com a obra de Deus na comunidade.

RESUMO DA ESTAÇÃO: O TRABALHO DO SEMEADOR NO OUTONO	
1. Os líderes confiam em seus próprios esforços e medem o sucesso em termos monetários.	1. Os líderes confiam em Deus para prover e estabelecem objetivos espirituais ou de ministério.
2. A percepção dos líderes é baseada no medo; numa mentalidade de escassez, eles competem por recursos limitados dos doadores.	2. Os líderes veem através da lente da fé, de modo que uma mentalidade de abundância permite a eles colaborar em vez de competir.
3. Os líderes celebram o que as pessoas têm feito e lhes dão glória.	3. Os líderes celebram a provisão de Deus e dão glória a Ele.

Apêndice B

Princípios bíblicos de mordomia e captação de recursos

Os líderes cristãos, incluindo a equipe de captação de recursos, que creem no Evangelho de Jesus Cristo e optam, em oração, por buscar os valores eternos do Reino, procurarão identificar os recursos sagrados do Reino da economia de Deus dentro destes parâmetros:[1]

1. Deus, o criador e sustentador de todas as coisas e "aquele que é poderoso para fazer infinitamente mais do que tudo quanto pedimos ou pensamos", é um Deus de abundância infinita e graça.[2]

2. Reconhecendo a primazia do Evangelho como nosso principal tesouro, os cristãos são chamados à vida de mordomia como administradores de tudo o que Deus lhes confiou.[3]

3. A atitude de um cristão em relação aos bens na Terra é importante para Deus, e há um elo vital entre como os crentes utilizam os bens terrenos (como investimento no Reino de Deus) e as recompensas eternas que os crentes recebem.[4]

4. Deus confia bens aos cristãos e os responsabiliza pelo seu uso, como uma ferramenta para o crescimento do Reino eterno de Deus, como um teste da fidelidade do crente a Deus e como uma marca registrada de que suas vidas refletem os valores de Cristo.[5]

5. Derivada da abundante graça de Deus, a doação dos cristãos reflete sua gratidão pelo que Deus lhes proveu e envolve o crescimento de um relacionamento íntimo de fé com Cristo como Senhor de suas vidas.[6]

6. Porque dar é um ato de adoração e obediência em devolver a Deus o que foi provido, os levantadores de recursos cristãos devem ter a convicção de que, em parceria com a igreja, têm um papel importante no amadurecimento espiritual dos crentes.[7]

7. O papel principal de um captador de recursos cristão é desenvolver e promover a fé de um crente na adoração a Deus por meio de um entendimento de mordomia centrado em Cristo e solidamente fundamentado nas Escrituras.[8]

8. Reconhecendo que é o trabalho do Espírito Santo que induz os cristãos a doar (geralmente por meio de técnicas de captação de recursos), os levantadores de recursos e/ou organizações nunca devem manipular ou violar sua confiança sagrada com os parceiros de ministério.[9]

9. Uma cosmovisão eterna e centrada em Deus promove a cooperação em vez da competição entre as organizações, e coloca o relacionamento do doador com Deus acima da agenda do ministério.[10]

10. Em nossa cultura materialista e egocêntrica, os líderes cristãos devem reconhecer que existe uma grande quantidade de pensamentos pouco claros sobre posses, mesmo entre os crentes, e que a perspectiva eterna do Reino frequentemente parecerá um absurdo sem sentido para aqueles que confiam nas técnicas de cosmovisão do reino terreno.[11]

Quando esses princípios são implementados, o que depende da mudança de corações por Deus, mais do que de métodos humanos, a generosidade cheia de alegria dos crentes, que disso resulta, financiará totalmente a obra de Deus aqui na Terra.[12]

Notas

1. Mt 6:19-21; Mt 6:33

2. Gn 1; Sl 24:1; Cl 1:17; Ef 3:20; Sl 50:10-12; Fp 4:19; 2 Co 9:8; Jo 1:14; Hb 1:3

3. Rm 1:16; 1 Co 9:23; Fp 3:8-11; Mt 13:44; Mt 25:14-46; 1 Pe 4:10; 1 Co 1:18; 1 Co 1:23-24; Mt 28:18-20; Gn 1:26-30

4. Mt 6:24; Mt 22:37; 1 Tm. 6:6-10; Fp 4:17; Mt 19:16-30; Lc 14: 12-14; 1 Co 3; 2 Co 5:10; Ef 2:10; 1 Tm 6:17-19; Mt 25:31-46

5. Lc 16:1-9; Lv 19:9-10; Dt 14:22-29; Dt 24: 19-22; Is 58:6-7; Gl 2:10; 1 Co 16:1; 1 Co 9:14; 2 Co 8:14-15; 2 Co 9:12; Tg 2:15-16; Hb 13:15-16; 1 Tm 6:17-19; Ml 3:10; Mt 6:24-33; Lc 12:15-34; Mt 25:14-46; Ef 2:10; Jo 15:8-10; Jo 15:12-17; Jo 13:34-35; Mt 22:34-40; 2 Co 8-9; Gl 6:10; Cl 3:17; 1Tm 6:18

6. Mc 12:41-44; Lc 12: 16-34; Gn 14:20; Ed 2:69; Lc 7:36-50; 2 Co 9:10-12

7. 1 Cr 29:10-14; Rm 12:1; Tg 3:1

8. 2 Tm 3:16-17; Ex 34:32; Ex 35:21

9. Jo 15:4-5; Is 32:15-17; Is 34:16; Jo 15:16-17; Jo 15:26; Jo 16:13- 14; Jo 6:63; Jo 14:15-21; 1 Ts 1:2-6; 1 Ts 2:13; Gl 5:16-25; Rm 12:4-8; 1 Pe 1:2; Ne 1:4-2:8; Is 55:8-11; 2 Co 9:5-7; 1 Cr 28:6; 1 Cr 29:9; Pv 21:1; 2 Co 3:5

10. 2 Co 4:16-18; 1 Co 3:1-9; Fp 4:7; Gl 5:13-25; Sl 90:1-12

11. 1 Co 1:17-31; 1 Co 2:1-5; 1 Co 2:14

12. Ex 36:6-7; Mt 6:10; 2 Co 9:8-12

O Semeador

Notas finais

Capítulo 1 — Mude de transações para transformação
1. Peter Chrysologus (C. 380-450), *Sermon* 22.

Capítulo 2 — Mude da escravidão a dois reinos para a liberdade de um só Reino
2. Dwight Lyman Moody, *The Gospel Awakening* (Chicago: F.H. Revell, 1883), p. 276.

Capítulo 3 — Concentre-se em cultivar corações que alegremente se convertam em mordomos
3. Alan Gotthardt, *The Eternity Portfolio: A Practical Guide to Investing Your Money for Ultimate Results* (Wheaton: Tyndale House, 2003), p. 160.

Capítulo 4 — Cresça como semeador
4. Richard Baxter (1615-1691), *The Reformed Pastor* (The Religious Tract Society: London, England, 1982), p. 77.

Capítulo 5 — A estação da preparação – Inverno
5. Brennan Manning, *The Furious Longing of God* (Colorado Springs: David C. Cook, 2009), p. 120.
6. Jeavons, Thomas and Rebekah Birch Basinger, *Growing Givers' Hearts: Treating Fundraising as Ministry* (San Francisco: Jossey-Bass, 2000), p. 2.

7. Veja no Apêndice B a lista da ECFA de *Princípios bíblicos de mordomia e captação de recursos*.
8. Visite www.stewardshipresourcebible.org para mais informações.
9. Henri Nouwen, *The Spirituality of Fundraising* (Richmond Hill, Ontario: Henri Nouwen Society, 2004), p. 11.
10. Nouwen, p. 23.
11. Lauren Tyler Wright, *Giving-the Sacred Art: Creating a Lifestile of Generosity* (Woodstock, VT: SkyLight Paths Publishing, 2008), p. xxii-iii.
12. Wright, p. xxiii.

Capítulo 6 — A estação da semeadura – Primavera

13. Richard Foster, *The Challenge of the Disciplined Life: Christian Reflections on Money, Sex & Power* (San Francisco: Harper Collins, 1985), p. 42.
14. Para uma explicação mais profunda dos quatro "I's" leia as páginas 272-5 de *Revolution in Generosity*, editado por Wesley K. Willmer.
15. George Barna, *How to Increase Giving in Your Church: A Practical Guide to the Sensitive Task of Raising Money for Your Church or Ministry* (Ventura, CA: Regal Books, 1997), p. 91.
16. Rick Warren, *The Purpose-Driven Life: What on Earth Am I Here For?* (Grand Rapids: Zondervan, 2002), p. 267.

Capítulo 7 — A estação para cultivar as almas – Verão

17. Charles Cloughen, Jr., *One Minute Stewardship Sermons: Communicating the Stewardship Message Eve Sunday of the Year* (Harrisburg, PA: Morehouse, 1997), p.xiv
18. Para mais informações além das apresentadas aqui, leia: Russ Alan Prince and Karen Maru File, *The Seven Faces of Philanthropy: A New Approach to Cultivating Major Donors* (San Francisco: Jossey-Bass, 1994).
19. Wesley K. Willmer, *God and Your Stuff: The vital Link between Your Possessions and Your Soul* (Colorado Springs, CO: NavPress, 2002), p. 5.
20. Willmer, p. 52.
21. Nouwen, p. 18.

22. Nouwen, p. 21.
23. Leia o capítulo escrito por Rich Haynie, em *Revolution in Generosity*, e revise a tabela da página 95 [daquela obra].
24. Para mais detalhes sobre a implementação deste conceito, leia: Axelrod, Terry, *Raising More Money: A Step-by-Step Guide to Building Lifelong Donors* (Seattle: Raising More Money Publications, 2000).
25. Wm. Edward Laity e David G. Lalka da DVA Navion me ajudaram a implementar este conceito.
26. Nouwen, p. 28.

Capítulo 8 — A estação para fazer a colheita – Outono

27. Teresa of Avila, *The Book of Her Life* (Indianapolis: Hackett, 2008), p. 138.
28. Leia o artigo *FOCUS on Accountability* de Gary Hoag in Ql, 2009: www.ecfa.org/Content/FocusOnAccountability.aspx.
29. 2 Coríntios 8:12.
30. 2 Coríntios 9:6.

O Semeador

Outras fontes relacionadas

Alcorn, Randy, Money, *Possessions and Eternity*
(Wheaton: Tyndale House, 2003).

Blomberg, Craig L., *Neither Poverty Nor Riches. A Biblical Theology of Possessions* (Downers Grove: InterVarsity Press, 2001).

Frank, John R., *The Ministry of Development*
(Woodinville: Steward Publishing, 2005).

Jeavons, Thomas e Rebekah Burch Basinger, *Growing Givers' Hearts: Treating Fundraising as Ministry*
(San Francisco: Jossey- Bass, 2000).

Kluth, Brian, *40 Day Spiritual Journey to a More Generous Life*
(Disponível online em www.kluth.org).

MacDonald, Gordon, *Secrets of the Generous Life: Reflections to Awaken the Spirit and Enrich the Soul* (Wheaton: Tyndale House, 2002).

MacDonald, Gordon, com Patrick Johnson, *Generosity: Moving Toward Life that is Truly Life* (Alpharetta: The National Christian Foundation, 2009).

Nouwen, Henri J.M., *The Spirituality of Fundraising*
(Richmond Hill, Ontario: Henri Nouwen Society, 2004).

Rodin, R. Scott, *Stewards in the Kingdom: A Theology of Life in All Its Fullness* (Downers Grove: InterVarsity Press, 2000).

Rodin, R. Scott, *The Seven Deadly Sins of Christian Fundraising* (Spokane: Kingdom Life Publishing, 2007).

Stanley, Andy, *Fields of Gold: A Place Beyond Your Deepest Fears: A Prize Beyond Your Wildest Imagination* (Wheaton: Tyndale, 2004).

Scott, John R.W., *Stott on Stewardship: Ten Principles of Christian Giving* (Chattanooga: Generous Giving. 2003).

Willmer, Wesley K., *God and Your Stuff: The Vital Link Between Your Possessions and Your Soul* (Colorado Springs: NavPress, 2002).

Willmer, Wesley K. ed., *Revolution in Generosity: Transforming Stewards to Be Rich Toward God* (Chicago: Moody, 2008).

Vincent, Mark L., *A Christian View of Money: Celebrating God's Generosity* (Eugene, Oregon: Wipf & Stock, 2007).

Site em destaque
www.SowerBook.org
Sites relacionados
www.ECFA.org
www.GenerosityMonk.com
www.GodandYourStuff.org
www.OneAccordPartners.com/NFP
www.RevolutioninGenerosity.or

O Semeador

Os autores

R. SCOTT RODIN, Ph.D., tem paixão por ajudar ministérios cristãos a adotarem uma abordagem bíblica no desenvolvimento de lideranças, no planejamento estratégico, no desenvolvimento de membros dirigentes e no levantamento de fundos. Por trinta anos tem servido como instrutor e treinador para organizações sem fins lucrativos nos Estados Unidos, Canadá, Oriente Médio, Grã-Bretanha, China, Filipinas e Austrália. Lidera a Corporação de Consultoria Rodin (Rodin Consulting Inc.) e é ex-Presidente da Associação de Mordomia Cristã (Christian Stewardship Association) e do Seminário Teológico Batista do Leste, em Filadélfia (Eastern Baptist Theological Seminary) É membro sênior da Associação de Educação Bíblica Superior (Association of Biblical Higher Education) e serve na diretoria da ChinaSource e da Rede Evangélica Ambiental (Evangelical Environmental Network). Escreveu outros dez livros, incluindo: *The Million-Dollar Dime*, *The Third Conversion*, *The Steward Leader*, *The Seven Deadly Sins of Christian Fundraising* e *Stewards in the Kingdom*.

GARY G. HOAG, Ph.D. (Novo Testamento - Trinity College, Bristol, Reino Unido) é Presidente & CEO da Global Trust Partners. Ele forma mordomos fiéis e mobiliza grupos de responsabilização entre pares para construir confiança e aumentar a doações locais generosas para a obra de Deus. Como estudioso da Bíblia, fala em todo o mundo trazendo uma perspectiva bíblica para uma ampla gama de assuntos. Oferece conselhos espirituais e estratégicos para a igreja e obreiros sem fins lucrativos. Serve como professor visitante em sete seminários de quatro países. Anteriormente, desempenhou funções administrativas na Universidade Biola (Biola University), Universidade Cristã do Colorado (Colorado Christian University) e no Seminário de Denver (Denver Seminary), e ocupou cargos de diretoria em quatro organizações sem fins lucrativos. É um seguidor apaixonado de Jesus Cristo, conhecido amplamente como Monge da Generosidade. Publica meditações diárias e já escreveu ou contribuiu para mais de dez livros, incluindo *A Escolha: A Busca pela Vontade de Deus para o Ministério*, *Ten Stewardhip Lessons for Everyday Living* e *The Council: A Biblical Perspective on Board Governance*.